그림으로 읽는 **잠 못들 정도로 재미있는 이야기**

신 장

고즈키 마사히로 지음 / **정성진** 감역 / **김선숙** 옮김

BM (주)도서출판 **성안당**

머리말

신장(콩팥)은 기능이 떨어져도 증상이 거의 나타나지 않는 둔한 장기이다. 신장을 '침묵의 장기'라고 부르는 것도 바로 이 때문이다. 신장은 몸에서 나오는 노폐물을 제거하기도 하고 수분이나 염분 등 전해질의 양을 일정하게 조절하기도 한다. 이 밖에 혈압을 조절하기도 하고 뼈를 강하게 하기도 하며 혈액을 만드는 호르몬을 분비하기도 한다. 신장은 '가장 긴요한 것'이라고 할 만큼 우리 몸에서 간이나 심장과 함께 매우 중요한 장기이다.

신장은 우리의 매끼 식사 내용, 비만·흡연·운동 부족·스트레스와 같은 잘못된 생활 습관으로 인해 손상된다. 일본에서는 70대는 3명 중 1명, 80대 이상은 2명 중 1명이 만성콩팥병인 것으로 추정되고 있다. 침묵의 장기라는 이름에 걸맞게 뚜렷한 증상이 나타났을 때는 이미 말기에 접어들어 투석치료가 필요해지는 일도 흔히 일어난다.

일본은 세계 제일의 초고령 사회이다. '인생 100년 시대'에 오랫동안 건강을 유지하기 위해서는 신장을 잘 유지해야 한다. 신장을 건강하게 유지하기 위해서는 식사와 생활에 대한 주의가 필요하다. 신장병에 걸린 사람이라면 약을 복용해야 하지만, 식사나 생활에 대한 주의가 매우 중요한 것으로 밝혀지면서 이에 대한 인식이 크게 달라졌다. 예컨대 기존에는 신장병 환자에게 안정을 취할 것을 권장했다. 하지만 우리가 연구한 바로는 안정을 취하기보다는 오히려 적극적으로 운동해야 좋아지는 것으로 밝혀졌다. 이에 따라 신장병 운동요법, 신장 재활이 붐을 일으키면서 일본에서는 이와 같은 치료법이 세계 최초로 진료보수에 적용되는 한편, 정식으로 인정받기도 했다.

이 책에서는 신장의 기능, 질환, 대응법 등을 그림으로 알기 쉽게 설명했다. 이 책을 통해 신장을 관리하고 생활 습관을 점검하면서 인생 100년 시대를 준비하기 바란다.

고즈키 마사히로(도호쿠대학 명예교수, 야마가타현립 보건의료대학 이사장·학장)

CONTENTS

차례
잘못된 정도로 재미있는 이야기
신장 이야기

4

제3장

신장의 기능을 높여 주는 '신장 재활 운동' 93

제 1 장

신장의
구조와 기능

01 신장은 어떤 장기인가?

수많은 역할을 담당하는 중요한 장기

먼저 신장(콩팥) 기능과 역할에 대해 알아보자. 신장은 간이나 심장 못지않게 매우 중요한 장기이다. 몸속에서는 등허리 위쪽에 좌우 하나씩 존재하고 각각 어른 주먹 크기이며 콩처럼 생겼다.

신장의 가장 큰 역할은 혈액을 여과해 불필요한 노폐물을 소변으로 배출하는 것이다. 신장에는 심장에서 내보내는 혈액의 약 4분의 1이 흘러 들어간다. 신장은 그 혈액을 여과하여 노폐물을 제거한 후 깨끗해진 혈액을 심장으로 되돌려 보낸다. 신장이 제대로 작동해야만 우리의 혈액이 항상 깨끗하게 유지된다.

그뿐 아니라 불필요한 수분을 소변으로 내보내 체내 수분량을 조절하는 역할도 담당한다. 수분이 너무 많아지면 소변으로 배출하거나 땀을 흘려 수분을 방출함으로써 그만큼 수분의 양을 줄인다. 또한 소듐(나트륨)이나 포타슘(칼륨) 등의 성분을 배출하거나 재흡수하여 체내 미네랄과 전해질의 균형을 유지하는 역할을 한다. 이 밖에 호르몬을 생성하여 혈압을 조절하거나 혈액을 만드는 역할을 하기도 한다.

이처럼 신장은 우리가 살아가는 데 없어서는 안 될 아주 중요한 장기이다.

신장은 혈액을 여과하고 노폐물을 배출한다

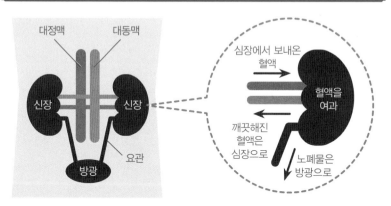

대정맥　대동맥

신장　신장

요관

방광

심장에서 보내온 혈액

혈액을 여과

깨끗해진 혈액은 심장으로

노폐물은 방광으로

신장의 가장 중요한 역할 중 하나는 혈액을 여과하는 것이다. 신장은 심장에서 나오는 혈액을 여과하여 깨끗해진 혈액을 심장으로 되돌려보낸다. 이때 걸러진 노폐물은 요관을 거쳐 방광에 모인 후 소변의 형태로 몸 밖으로 배출되는데, 신장은 소변의 원료가 되는 원뇨를 하루에 150*l* 나 만들어 낸다.

신장의 주요 역할

수분을 조절한다

신장은 노폐물과 함께 여분의 수분을 배출하는 역할을 한다. 체내 수분이 많을 때는 소변의 양을 늘리고 땀을 흘린 후에는 소변의 양을 줄여 수분을 조절한다.

전해질의 양을 조절한다

신장은 체내 소듐이나 포타슘, 칼슘, 마그네슘과 같은 전해질의 양을 일정하게 유지하고 신경이나 근육의 움직임을 돕는 역할을 한다.

보충제

호르몬을 만든다

적혈구 생성 촉진 호르몬인 적혈구형성호르몬 (erythropoietin)과 혈압을 조절하는 레닌 등과 같은 호르몬을 생성하거나 비타민 D를 활성화하는 역할을 한다.

혈압을 조절한다

신장은 체내 수분량을 조절하는 한편, 혈압 조절 호르몬인 레닌을 생성하여 혈압을 조절하는 역할을 한다.

02 장기 중에서도 신장이 특히 중요한 이유

신장의 핵심은 약 100만 개의 네프론

신장은 혈액 여과와 노폐물 배출, 수분과 전해질 양 조절, 혈압 조절 등과 같은 다양한 역할을 한다. 여기서는 그 신장의 구조에 대해 알아본다.

11쪽의 그림을 보면 알 수 있듯이 신장 안에도 혈액을 여과하는 곳은 신장단위(네프론)라고 불리는 조직이다. 신장단위 속에는 필터 역할을 하는 사구체라는 부분이 있는데, 혈액이 이곳을 지나가면 노폐물이 걸러지면서 깨끗해진 혈액이 나온다. 노폐물은 원뇨(소변의 원료가 되는 액체)로서 신세관에 보내지는데, 여기서 우리 몸에 필요한 영양소나 수분이 재흡수되고 노폐물과 여분의 수분은 요관을 통해 소변으로 배출된다.

이런 역할을 하는 신장단위는 좌우 신장 안에 각각 약 100만 개나 된다. 이 총체적인 힘으로 혈액을 여과하여 소변을 생성하는 것이다. 신장은 매우 정교하고 섬세한 장기라고 할 수 있다. 각 신장단위에서 배출된 소변은 신배와 신우에 모였다가 요관으로 밀려 나와 방광에 고이게 된다. 그리고 소변이 어느 정도 쌓이면 몸 밖으로 배출된다.

신장단위에서는 하루에 약 150*l*의 원뇨가 만들어지는데, 그중 99%는 필요한 영양소와 수분으로 재흡수된다. 이 때문에 소변으로 체외 배출되는 것은 나머지 1%인 약 1.5*l* 정도에 지나지 않는다.

신장의 구조와 신장단위(네프론)

신장의 중앙부에는 소변을 모아 요관으로 보내는 신우가 있고 그 끝은 10여 개의 신배로 나뉘어 있다. 이 신배 끝에 혈액을 여과하는 본체인 신장단위가 약 100만 개나 존재한다. 신장단위의 구조는 아래 그림과 같다. 신장단위는 신장의 외피 근처에 있는데, 이 부분을 '신실질'이라고도 한다.

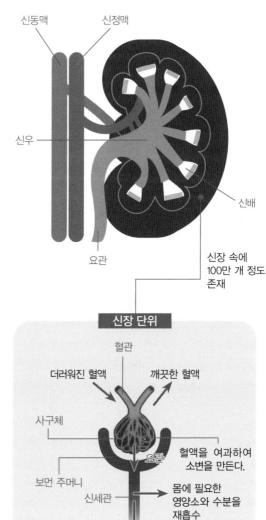

신장단위는 혈액을 여과하는 '사구체'와 걸러 낸 노폐물을 원뇨로 배출하는 '신세관'으로 이루어져 있다.

원뇨에는 몸에 필요한 영양소와 수분도 포함되어 있는데, 필요한 성분은 재흡수되고 노폐물과 여분의 수분은 신배와 신우를 거쳐 소변으로 배출된다.

03 신장 기능 저하는 건강 수명과 밀접한 관련이 있다

몸에 노폐물이 쌓여 위험한 상태가 된다

신장은 혈액 여과, 수분 조절 등 중요한 역할을 하는 만큼 그 기능이 떨어지면 온몸에 악영향을 미친다.

신장 상태가 나빠지면 우선 혈액 여과 기능이 저하된다. 그러면 13쪽의 그림처럼 불필요한 수분이나 노폐물이 배출되지 않고 체내에 남아 있거나 필요한 영양소까지 소변으로 배출되어 버린다.

불필요한 수분이나 노폐물이 배출되지 않으면 그것이 체내에 쌓여 요독증이 생긴다. 요독증은 두통과 메스꺼움 등을 동반하는데, 심한 경우 전신 경련, 심부전 등을 일으킨다. 또한 필요한 영양소가 소변으로 배출돼 버리면 빈혈이나 골다공증 등이 일어나 수분이나 전해질의 균형이 깨져 몸이 붓게 된다. 더욱이 폐에 물이 차서 호흡 곤란에 빠지기도 한다.

이렇게 신장의 기능 저하는 건강을 현저히 해치고 심해지면 죽음에 이르기도 한다. 신장이 조금 나빠진 단계라면 식사나 생활 습관 개선 등으로도 대처할 수 있지만, 말기 증상인 말기콩팥병에 이르면 인공투석(투석요법)이나 신장이식을 해야 한다. 이 책에서는 신장을 손상시키지 않는 방법을 2장과 3장에서 소개하고 있으므로 꼭 읽어 보고 신장을 건강하게 관리하기 바란다.

신장 기능이 떨어지면···

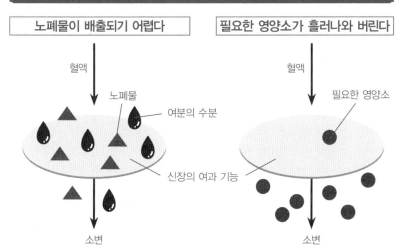

| 노폐물이 배출되기 어렵다 | 필요한 영양소가 흘러나와 버린다 |

혈액

노폐물

여분의 수분

신장의 여과 기능

소변

혈액

필요한 영양소

소변

여분의 수분과 노폐물이 배출되지 않아
몸속에 쌓인다.

필요한 영양소까지 배출되어
소변으로 흘러나와 버린다.

빈혈, 고혈압, 골다공증, 요독증 등을 일으킨다

[신장 기능]

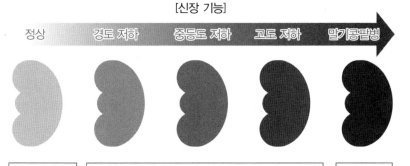

| 정상 | 경도 저하 | 중등도 저하 | 고도 저하 | 말기콩팥병 |

| 건강한 상태 | 식사 및 생활 습관 개선으로 대처 가능 | 투석요법 등이 필요 |

신장 기능 저하는 건강 수명과 밀접한 관련이 있다

04 급성콩팥손상에 주의!

원인을 밝혀내고 적절한 치료를 한다

신장의 기능 저하는 매우 위험한 상태로, 단기간에 갑자기 나빠지는 급성콩팥손상(이전에는 '급성신부전')과 장기간에 걸쳐 나빠지는 만성콩팥병이 있다.

급성콩팥손상은 수 시간~수 일 만에 갑자기 신장 기능이 저하된 상태로, 탈수, 쇼크 등에 의해 발생한다. 갑자기 소변이 잘 나오지 않거나 전혀 나오지 않거나 식욕 저하, 권태감 등이 일어나기도 한다. 원인을 밝혀 적절한 치료를 하면 회복될 가능성이 있으므로 신속한 대처가 중요하다.

이 급성콩팥손상은 그 원인이 신장의 바로 앞인지(신장전, prerenal), 신장 자체인지(신성, renal), 신장에서 나온 후인지(신장후, postrenal)의 3가지 종류로 나눠 생각할 수 있다. 신장전은 출혈이나 탈수로 인해 혈류가 나빠진 경우, 신성은 신장 내에 염증이 있는 경우, 신장후는 요로에 문제가 생겼을 경우에 해당한다. 원인에 따라서는 회복되지 않고 말기콩팥병에 이를 수도 있다. **후생노동성 발표에 따르면, 일본에서는 매년 2,000~3,000명 이상이 급성콩팥손상으로 사망한다.**

반면, 만성콩팥병은 신장 기능이 수개월 이상 저하된 상태에서 신장이 서서히 파괴되며, 뚜렷한 증상이 나타났을 때는 이미 회복하기 어려운 병이다. 만성콩팥병에 대해서는 16쪽부터 자세히 설명하겠지만, 국민병이라고 할 수 있을 정도로 환자가 늘어나고 있으므로 특히 조심해야 한다.

급성콩팥손상과 만성콩팥병

급성콩팥손상

몇 시간에서 며칠 안에 갑자기 신장의 기능이 떨어지는 병으로 무엇이 원인이 되어 생긴 것인지에 따라 아래 그림과 같이 3가지 종류로 분류된다.

- 신장의기능이 수일 이내로 저하된다.
- 갑자기 소변이 나오지 않게 되기도 한다.
- 치료를 하면 회복될 가능성이 있다.

만성콩팥병

몇 달 이상 걸려 신장이 점점 나빠지는 병으로, 알았을 때는 상당히 진행되어 회복이 어려운 경우도 많다.

- 신장의 기능이 수개월에 걸쳐 저하된다.
- 초기에는 증상이 없는 경우가 많다.
- 신장의 기능을 회복하기 어렵다.

급성콩팥손상의 원인과 분류

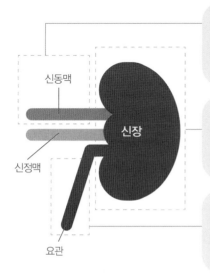

신동맥

신장

신정맥

요관

신장전

신장 바로 앞 혈액순환 등에 원인이 있는 것으로, 출혈이나 쇼크로 신장으로의 혈류가 나빠진 경우 등이 해당한다.

신성

신장 자체에 원인이 있는 것으로, 신장 내 염증이 생기거나 신세관에 장애가 발생하는 경우 등이 해당한다.

신장후

신장에서 나온 후 요로 등에 원인이 있는 것으로, 요관이나 방광·요도의 폐색이나 골반 내 종양 등이 해당한다.

05 만성콩팥병이란?

신장이 나빠지는 병을 통틀어 이르는 말

신장의 기능 저하가 장기적으로 지속되는 질환을 만성
콩팥병(CKD 이전에는 '만성신부전')이라고 한다. 일본신장학회의 조사
에 따르면, 일본 내 만성콩팥병 환자 수는 무려 1,300만 명 이상이다.
고령일수록 신장병이 많아 70대에서는 약 30%, 80세 이상에서는 절반
가까이가 만성콩팥병으로 추산되고 있다.

이 만성콩팥병은 하나의 병을 나타내는 이름이 아니라 만성적으로
신장이 나빠지는 병을 통틀어 이르는 말이다. 만성콩팥병에는 당뇨병
콩팥병이나 사구체신염, 신장경화증 등 수많은 질환이 포함된다. 각각
발병의 흐름이나 원인은 다르지만, 진행되면 신장 기능이 저하되어 신
부전에 이르는 점은 같으므로 알기 쉽게 하기 위해 한 묶음으로 만성
콩팥병이라 부르게 되었다. 이에 따라 이전까지는 별개의 질환으로 꼽
혔던 환자가 합산돼 신장이 만성적으로 나쁜 사람이 실제로 1,300만
명 이상이나 되는 것으로 나타났다.

이러한 질환 중에서도 특히 많은 것이 앞서 언급한 당뇨병콩팥병,
사구체신염, 신장경화증이다. 일본투석의학회의 조사에 따르면, 투석
환자(2020년 말 기준) 중 약 40%가 당뇨병콩팥병, 약 25%가 사구체신
염, 약 12%가 신장경화증으로, 이들이 전체의 4분의 3을 차지한다.
17쪽부터 대표적인 원인 질환에 대해 소개한다.

만성콩팥병(CKD*)이란?

당뇨병콩팥병	신장경화증	사구체신염
통풍신장병증	급성콩팥손상	• IgA신장병증
다낭콩팥병	루푸스신염	• 막사구체신염
		• 미세변화신증후군

이러한 병이 만성적으로 계속되는 상태 = **만성콩팥병**(CKD)

※ Chronic Kidney Disease

당뇨병콩팥병

① 고혈당 상태가 계속된다.

② 사구체에 손상을 준다.

만성콩팥병의 원인 질환 No.1

신장동맥
신장정맥

신장

증상이 더 진행되면…

• 사구체의 혈관이 좁아져 고혈압으로 발전
• 사구체가 손상받아 신부전으로 발전

③ 여과가 정상적으로 이루어지지 않아 단백질이 소변으로 나와 버린다.

요관

만성콩팥병의 원인 질환 중 가장 예가 많은 것이 바로 당뇨병콩팥병이다. 당뇨병으로 인해 고혈당 상태가 지속되면 혈액 속에 단백질과 포도당 결합 물질이 늘어나 미세혈관을 손상시킨다. 사구체의 모세혈관이 손상되면 혈액 여과가 정상적으로 이뤄지지 않아 만성적인 콩팥 손상이 생긴다.

사구체신염

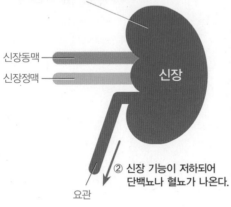

① 사구체에 염증이 일어나 혈액의 여과에 지장을 초래한다.

신장동맥

신장정맥

신장

② 신장 기능이 저하되어 단백뇨나 혈뇨가 나온다.

요관

만성콩팥병의 원인 질환 No.2

이른바 '신염'이라고 불리는 병으로, 사구체에 염증이 생겨 혈액 여과에 지장을 주는 상태를 말한다. 염증이 생기는 원인에는 여러 가지가 있는데, 아래 IgA신장병증이나 막사구체신염 등이 만성콩팥병의 대표적인 원질환이다. 이들과는 별개로 급성콩팥손상인 급성 사구체신염 등도 있다.

IgA신장병증	막사구체신염	미세변화 신증후군
	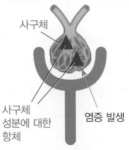	
사구체 IgA (항체)　염증 발생	사구체 사구체 성분에 대한 항체　염증 발생	
항체의 일종인 IgA가 사구체에 침착돼 염증을 일으킨다. 국가 지정 난치병이다.	사구체 성분에 대한 항체가 생겨 염증을 일으킨다. 특히, 40세 이후에 발병 사례가 많다.	신증후군(41쪽)의 하나로, 사구체에 현미경 수준의 미세한 변화가 생긴다.

다낭콩팥병, 루푸스신염

만성콩팥병이 되는 질환 중 하나이지만, 다낭콩팥병은 유전질환으로 생활 습관이나 환경이 관련된 다른 질환과는 성질이 다르다. 루푸스신염은 원인을 알 수 없는 전신 홍반루푸스(systemic lupus erythematosus, SLE)는 병에서 발생하는 신장병이다. 이 병에 대해서는 40쪽에서 상세하게 설명한다.

신장 경화증

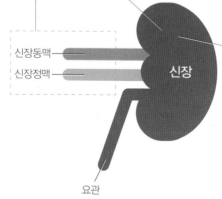

① 고혈압 상태가 계속된다.

② 신장 내의 세동맥에 동맥경화증을 일으킨다.

신장동맥

신장정맥

신장

요관

만성콩팥병의 원인 질환 No.3

③ 사구체의 혈액 흐름이 나빠져 혈액의 여과에 지장을 초래한다.

고혈압이 원인이 되어 일어나는 신장병으로, 고혈압이 지속되면 신장 내에서 동맥경화증이 일어나 혈관 내가 좁아져 혈류가 나빠진다. 그 결과, 사구체가 경화되어 혈액 여과를 할 수 없게 된다. 이렇게 신장이 나빠지면 고혈압이 더 심해지기 때문에 고혈압과 신장경화증은 악순환의 관계이다.

통풍신장병증

① 푸린을 섭취하면 그 분해를 위해 요산이 만들어진다.

② 요산이 대량으로 분비되면 결정화되어 체내에 쌓인다.

③ 그 결정이 요관 등을 막아 신장의 기능을 저하시킨다.

통풍이 원인이 되어 만성콩팥병에 걸리는 경우로, 푸린을 과다 섭취하면 혈액 속 요산 수치가 올라가고 요산 결정이 발생해 신장에 염증이 생긴다. 그리고 신장 기능이 떨어져 만성콩팥병으로 진행된다.

급성콩팥손상

① 급성콩팥손상으로 신장 기능이 저하된다.

② 이 상태에서 좀처럼 회복되지 않고 만성적인 증상이 된다.

돌발적으로 발생한 급성콩팥손상에서 좀처럼 회복되지 않고 그대로 신장 기능이 계속 저하되면 만성콩팥병이 될 수 있다. 이와 반대로 만성콩팥병으로 상태가 안정된 환자가 급성콩팥손상을 일으키기도 한다.

19

만성콩팥병이란?

06 만성콩팥병에 걸리면 심근경색이나 뇌졸중 위험이 2배로 증가한다

만성콩팥병과 심혈관질환은 상호 영향

만성콩팥병이 무서운 점은 신장 기능이 저하되는 것뿐만이 아니다. 만성콩팥병에 걸리면 심근경색, 뇌졸중과 같은 심혈관질환의 위험이 크게 높아진다.

연구에 따르면, 유럽과 미국에서는 신장 기능이 저하됨에 따라 심혈관질환에 의한 입원이나 사망이 증가하는 것으로 나타났다. 일본에서는 히사야마 지역을 연구한 규슈 대학 대학원에서 만성콩팥병과 심혈관질환 발병의 관계를 보고했다. 이는 후쿠오카현 히사야마에서 40세 이상 주민을 대상으로 40년 이상 추적 조사한 결과이다. 21쪽 상단의 그래프가 그 연구 결과인데, 남녀 모두 '만성콩팥병이 있는 그룹'이 '만성콩팥병이 없는 그룹'보다 심혈관질환의 발병률이 뚜렷하게 높았다.

이와 반대로 심혈관질환 환자는 신장 상태가 나쁜 경우가 많다는 보고도 있다.

이에 관해서는 여러 추측이 있지만, 신장이 좋지 않은 사람들은 고혈압이나 동맥경화증을 일으키는 경우가 많고 이것이 심혈관질환으로 이어진다고 볼 수 있다. 반면, 심혈관질환이 있는 사람들은 혈액 순환이 안 되고 신장으로의 혈류가 안 좋아져서 신장도 나빠지기 쉽다.

이처럼 만성콩팥병과 심혈관질환이 서로 연관되어 있기 때문에 최근에는 심신증후군(심장신장 증후군)이라고 부르며 주목하고 있다.

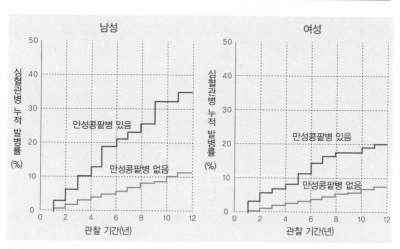

만성콩팥병과 심혈관질환의 관계

니노미야 도시하루 외 '일반 주민의 만성콩팥병과 심혈관질환 발병의 관계: 히사야마 지역 연구' 투석회지 39:94~96, 2006에서 인용

위 그래프는 규슈대학 대학원이 후쿠오카현 히사야마 지역에 사는 40세 이상 주민을 대상으로 1961년부터 2002년에 걸쳐 대규모로 추적 조사한 결과이다. 남녀 모두 '만성콩팥병이 있는 그룹'이 '만성콩팥병이 없는 그룹'보다 심혈관질환 발병률이 높다는 것을 알 수 있다.

심신증후군(심장신장 증후군)

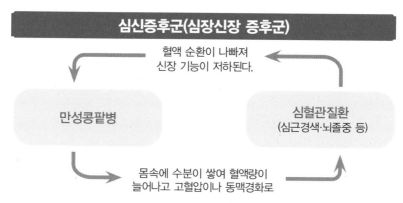

만성콩팥병은 심근경색이나 뇌졸중 등 심혈관질환을 일으키는 요인이며 더욱이 심혈관질환은 신장의 기능을 떨어뜨린다. 이런 상호 관계를 최근에는 심신증후군이라 부른다. 말기콩팥병 상태가 되면 신장보다 심근경색이나 뇌졸중이 원인이 되어 죽음에 이르는 경우가 많다.

07 당신은 만성콩팥병? 건강검진 시 확인해야 할 수치

매년 건강검진에서 확인한다

만성콩팥병이란, 신장이 만성적으로 나쁜 상태를 말하는데 신장이 얼마나 나빠졌을 때 이러한 진단을 받게 될 것인가? 그 기준은 일본의 경우(비록 번역서이기는 하지만 기준이 지침이나 나라마다 조금씩 다를 수 있으므로) 일본신장학회의 『과학적 근거에 따른 CKD 진료 가이드라인 2018』에 명시되어 있다. 그 과학적 근거는 23쪽 상단에 제시한 바와 같으며 이 조건을 충족하면 만성콩팥병으로 진단한다.

조건 내용에 있는 요단백과 요알부민 수치는 기본적으로 소변 검사를 해 보면 알 수 있다. 직장이나 학교, 지역 등에서 건강검진을 받았다면 그 수치를 확인해 볼 필요가 있다. 조건에는 없지만, 혈뇨를 판정하기 위해서는 요잠혈 항목도 확인해 두어야 한다.

한편, 사구체여과율(GFR)은 혈액 검사의 혈청크레아티닌 수치를 참고하면 된다. 크레아티닌은 근육을 움직였을 때 발생하는 노폐물로, 신장 기능이 정상이라면 혈액에서 여과되어 소변으로 배출된다. 하지만 신장 기능이 저하되면 잘 여과하지 못하고 혈액 속에 남아 있기 마련이다. 이 크레아티닌의 양으로 신장의 여과 기능을 판단해 보는 것이다. 크레아티닌과 사구체여과율의 관계는 27쪽에서 설명한다.

건강검진을 받을 때마다 이 수치를 확인하고 조금이라도 이상이 있으면 병원에 가서 검사를 받아보기 바란다. 만성콩팥병의 경우, 조기에 발견하고 대처하면 신장 기능의 저하를 막을 수 있다.

만성콩팥병 진단 기준

① 소변 검사나 영상 진단 검사를 해서 신장에 장애가 있는지 판단한다.
(요단백 0.15g/gCr 이상 또는 요알부민 30mg/gCr 이상)
② 사구체여과율(GFR)(→ P.27)이 60ml/1.73㎡ 이하

① 또는 ② 상태가 3개월 이상 지속됨 ＝ **만성콩팥병**

일본신장학회, 『과학적 근거에 따른 CKD 진료 가이드라인 2018』에서 인용

만성콩팥병은 위와 같이 요단백(당뇨병의 경우는 요알부민) 수치가 일정 이상이거나 사구체여과율(GFR)이 일정 이하로 3개월 이상 지속되는 질병 상태를 의미한다. 요단백 혹은 요알부민 수치는 직장이나 학교, 지역의 건강검진 결과에서 확인할 수 있다.

만성콩팥병 검사

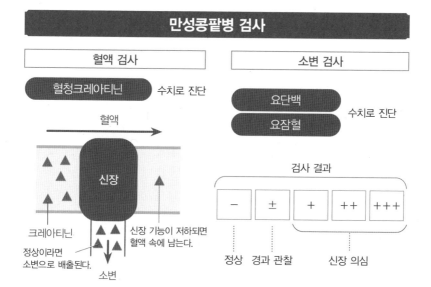

건강검진 결과로 나온 혈청크레아티닌 수치는 사구체여과율(GFR)에 참고가 된다. 근육량에 따라 기준이 달라지는데, 기준 이상으로 많으면 신장 여과 기능 저하를 의심할 수 있다.

소변 검사는 위 그림과 같이 5단계로 진단한다. 각각 '+' 이상의 결과가 나오면 신장병이 의심되므로 의료 기관을 찾아가 검진을 받는 것이 좋다.

08 만성콩팥병도 자각 증상이 있다?

몸 상태 변화가 신호일 수도 있다

만성콩팥병이 무서운 이유는 초기 단계에서는 자각 증상이 거의 없다는 점이다. 자신도 모르는 사이에 신장이 점점 나빠지기 때문에 뚜렷한 증상이 나타났을 때는 이미 병이 어느 정도 진행된 경우가 대부분이라서 치료 시기를 놓칠 수 있다. 그래서 만성콩팥병은 고혈압이나 당뇨병, 협심증 등과 마찬가지로 '침묵의 살인자(silent killer)'라고 불린다.

그렇다고 해서 신장이 나빠지는 징조가 전혀 없는 것은 아니다. 신장 기능이 떨어지면 몸 상태나 소변에 약간의 변화가 나타난다. 예를 들면 소변에 단백질이 나오면 소변에 거품이 나고 혈뇨가 나오면 소변 색깔이 짙어진다. 화장실에 가는 횟수가 갑자기 늘어나거나 소변이 잘 나오지 않기도 한다. 소변 냄새가 심하게 나는 것도 전조 증상 중 하나이다.

몸속 노폐물이 제대로 배출되지 않고 지속적으로 쌓이면 몸에 붓기가 나타난다. 명확하게 알 수 있는 붓기가 아니더라도 반지나 신발이 조금 끼는 듯한 가벼운 붓기가 나타나는 경우도 있다. 이 밖에도 나른함과 피로, 빈혈이나 숨이 차는 증세가 나타나기도 한다.

이러한 자각 증상이 있다고 해서 반드시 만성콩팥병이라고는 할 수 없지만, 신장이 나빠졌을 가능성이 있으므로 되도록 빨리 의료 기관을 찾아 검진을 받는 것이 좋다. 몸 상태의 작은 변화 하나하나가 사실 만성콩팥병의 신호이기도 하다.

자각 증상을 느꼈을 때는 이미 상당히 진행된 경우가 많다

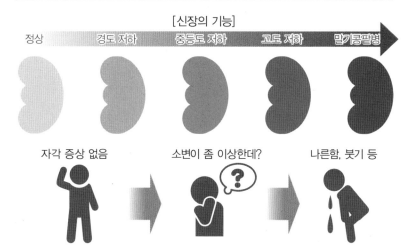

[신장의 기능]

정상 | 경도 저하 | 중등도 저하 | 고도 저하 | 말기콩팥병

자각 증상 없음 소변이 좀 이상한데? 나른함, 붓기 등

초기 단계에서는 거의 자각 증상이 없다. 따라서 뚜렷한 증상이 나타났을 때는 신장이 상당히 나빠진 경우라고 볼 수 있다. 병을 깨닫기는 어렵지만, 아래와 같은 증상이 나타난다면 만성콩팥병이 진행되고 있을 가능성이 있으므로 평소에 확인해 두는 것이 좋다.

조기 발견을 위한 체크포인트

소변 상태가 이상하다
- □ 소변에 거품이 있는데, 그 거품이 좀처럼 사라지지 않는다(단백뇨를 의심해 볼 수 있음).
- □ 소변이 갈색 또는 검은색에 가깝다(혈뇨).
- □ 소변에서 강한 암모니아 냄새가 난다.
- □ 수분을 그리 많이 섭취하지 않았는데 하루에 10번 이상 화장실에 간다(빈뇨).
- □ 소변이 하루에 3L 이상(다뇨) 또는 400㎖ 이하(핍뇨)로 나온다.

노폐물이 충분히 배설되지 않는다
- □ 반지나 신발이 꽉 낀다.
- □ 나른함과 피로감을 느낀다.
- □ 식욕 부진과 메스꺼움, 전신 가려움증이 있다.
- □ 조금만 운동해도 숨이 차다.
- □ 빈혈이나 어지럼증이 자주 일어난다.
- □ 땀을 거의 흘리지 않는다.

09 만성콩팥병의 단계를 알아 두자

사구체여과율 수치로 단계를 구분한다

만성콩팥병이라고 해도 신장이 막 나빠지기 시작한 상태에서 말기콩팥병까지 그 정도는 다양하다. 그래서 **만성콩팥병의 진행도를 나타내기 위해 사용되는 것이 '단계'라고 하는 구분이다.**

단계는 27쪽의 표에 나와 있듯이 G1부터 G5까지 총 6단계로 나눌 수 있다. 이 단계는 '사구체여과율(GFR)'이라는 수치를 바탕으로 나눈다. 사구체여과율은 신장의 필터 역할을 하는 사구체가 노폐물을 제거하는 기능이 어느 정도인지를 평가하는 수치로, 정상적인 상태가 100일 때 50이면 50%, 20이면 20%의 신장 기능밖에 하지 못하는 것으로 판단한다.

27쪽에서 언급한 바와 같이 **사구체여과율이 60 아래로 떨어지는 단계 G3a~G5가 만성콩팥병에 해당하지만, G1이나 G2에서도 요단백이나 요알부민이 일정 이상 있을 경우, 만성콩팥병으로 진단되므로 주의해야 할 필요가 있다.**

사구체여과율을 정확하게 조사하기 위해서는 정밀한 검사가 필요하지만 일반적으로는 혈액 검사의 혈청크레아티닌 수치로 간이적인 사구체여과율을 산출하는 '추정사구체여과율(eGFR)'을 사용한다. 이는 성별과 연령에 따른 표준 근육량의 차이를 고려한 수치로, 어디까지나 추산치는 아니지만, 28쪽의 조견표를 보면 성별 및 연령별 추정사구체여과율의 조견표를 볼 수 있다.

신장 기능의 정도를 나타내는 사구체여과율(GFR)

$$GFR^* = 1분간\ 1.73㎡당\ 혈액\ 여과량(ml)$$

※ Glomerular Filtration Rate 정상적인 상태가 100(혈액 여과량이 100ml)
500이면 50%, 200이면 20%의 신장 기능밖에 없는 것으로 판단한다.

● 사구체여과율에 따른 만성콩팥병 단계 구분

GFR	단계	상태
90~	G1	정상적인 상태. 다만, 고혈압이나 당뇨병, 이상지혈증, 비만, 흡연 습관 등이 있는 경우에는 만성콩팥병으로 진행되기 쉬우므로 주의한다.
60~89	G2	신장 기능이 다소 저하된 상태. 자각 증상은 거의 없다. 아직 만성콩팥병의 영역은 아니다. 식사와 생활 습관만 개선해도 회복이 가능하다.
45~59	G3a	신장 기능이 절반 정도까지 저하된 상태. 부종이나 소변 이상 등이 조금 나타난다. 이 상태가 3개월 이상 지속되면 만성콩팥병으로 진단한다.
30~44	G3b	신장 기능이 더 떨어진 상태. 자각 증상은 G3a와 크게 다르지 않지만, 심혈관질환 위험이 현저히 높아진다.
15~29	G4	신장 기능이 크게 저하된 상태. 나른함 등 자각 증상이 강하게 나타난다. 신장 기능을 회복하기 어렵고 요독증이나 심부전의 위험도 있다.
~14	G5	신장 기능이 거의 상실되어 말기 신장부전이라고 불리는 상태. 메스꺼움, 식욕 부진 등 자각 증상이 더 심해진다. 투석치료나 신장이식이 필요하다.

(왼쪽 눈금: 100, 90, 80, 70, 60, 50, 40, 30, 20, 10, 0)

27

만성콩팥병의 단계를 알아 두자

신속하게 진단하기 위한 추정사구체여과율(eGFR)

추정사구체여과율(eGFR)※ = 성별, 연령, 혈청크레아티닌 수치로 추산한
※estimated GFR　사구체여과율

성별	… 남녀의 근육량 차이에 따라 보정
나이	… 연령에 따른 근육량 감소를 보정
혈청크레아티닌 수치	… 혈액 검사로 측정

사구체여과율을 정확히 측정하기가 어려워 일반적으로는 혈청크레아티닌 수치로 간이적인 사구체여과율을 산출하는 추정사구체여과율(eGFR)을 이용한다. eGFR은 성별·연령에 따른 표준 근육량 차이에서 혈청크레아티닌 수치를 보정해 산출한다. 28쪽부터 남녀별 추정사구체여과율(eGFR) 조견표를 게재했다.

추정사구체여과율(eGFR) 조견표 – 남성용

혈청크레아티닌 수치 (mg/dL)		연령													
		20	25	30	35	40	45	50	55	60	65	70	75	80	85
	0.6	143.6	134.7	127.8	122.3	117.7	113.8	110.4	107.4	104.8	102.4	100.2	98.3	96.5	94.8
	0.7	121.3	113.8	108.0	103.3	99.4	96.1	93.3	90.7	88.5	86.5	84.7	83.0	81.5	80.1
	0.8	104.8	98.3	93.3	89.3	85.9	83.1	80.6	78.4	76.5	74.7	73.2	71.7	70.4	69.2
	0.9	92.1	86.4	82.0	78.5	75.5	73.0	70.8	68.9	67.2	65.7	64.3	63.1	61.9	60.8
	1.0	82.1	77.0	73.1	69.9	67.3	65.1	63.1	61.4	59.9	58.5	57.3	56.2	55.2	54.2
	1.1	74.0	69.4	65.9	63.0	60.6	58.6	56.9	55.3	54.0	52.7	51.6	50.6	49.7	48.8
	1.2	67.3	63.1	59.9	57.3	55.1	53.3	51.7	50.3	49.1	48.0	46.9	46.0	45.2	44.4
	1.3	61.6	57.8	54.9	52.5	50.5	48.8	47.4	46.1	45.0	43.9	43.0	42.2	41.4	40.7
	1.4	56.8	53.3	50.6	48.4	46.6	45.0	43.7	42.5	41.5	40.5	39.7	38.9	38.2	37.5
	1.5	52.7	49.4	46.9	44.9	43.2	41.8	40.5	39.4	38.4	37.6	36.8	36.1	35.4	34.8
	1.6	49.1	46.1	43.7	41.8	40.2	38.9	37.7	36.7	35.8	35.0	34.3	33.6	33.0	32.4
	1.7	46.0	43.1	40.9	39.1	37.7	36.4	35.3	34.4	33.5	32.8	32.1	31.4	30.9	30.3
	1.8	43.2	40.5	38.4	36.8	35.4	34.2	33.2	32.3	31.5	30.8	30.1	29.5	29.0	28.5
	1.9	40.7	38.2	36.2	34.6	33.3	32.2	31.3	30.4	29.7	29.0	28.4	27.8	27.3	26.9
	2.0	38.5	36.1	34.2	32.8	31.5	30.5	29.6	28.8	28.1	27.4	26.8	26.3	25.8	25.4
	2.1	36.5	34.2	32.5	31.1	29.9	28.9	28.0	27.3	26.6	26.0	25.5	25.0	24.5	24.1
	2.2	34.7	32.5	30.9	29.5	28.4	27.5	26.6	25.9	25.3	24.7	24.2	23.7	23.3	22.9
	2.3	33.0	31.0	29.4	28.1	27.1	26.2	25.4	24.7	24.1	23.5	23.0	22.6	22.2	21.8

색상은 추정사구체여과율(eGFR)의 단계를 분류한 것이다.

☐ G1(90~)　☐ G2(60~89)　☐ G3a(45~59)　☐ G3b(30~44)　☐ G4(15~29)
☐ G5(~14)

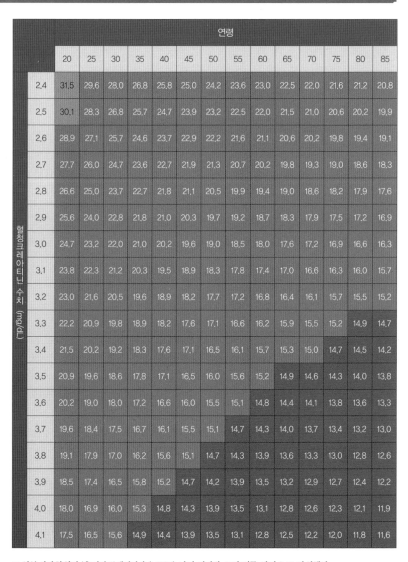

혈청크레아티닌 수치 (mg/dL) \ 연령	20	25	30	35	40	45	50	55	60	65	70	75	80	85
2.4	31.5	29.6	28.0	26.8	25.8	25.0	24.2	23.6	23.0	22.5	22.0	21.6	21.2	20.8
2.5	30.1	28.3	26.8	25.7	24.7	23.9	23.2	22.5	22.0	21.5	21.0	20.6	20.2	19.9
2.6	28.9	27.1	25.7	24.6	23.7	22.9	22.2	21.6	21.1	20.6	20.2	19.8	19.4	19.1
2.7	27.7	26.0	24.7	23.6	22.7	21.9	21.3	20.7	20.2	19.8	19.3	19.0	18.6	18.3
2.8	26.6	25.0	23.7	22.7	21.8	21.1	20.5	19.9	19.4	19.0	18.6	18.2	17.9	17.6
2.9	25.6	24.0	22.8	21.8	21.0	20.3	19.7	19.2	18.7	18.3	17.9	17.5	17.2	16.9
3.0	24.7	23.2	22.0	21.0	20.2	19.6	19.0	18.5	18.0	17.6	17.2	16.9	16.6	16.3
3.1	23.8	22.3	21.2	20.3	19.5	18.9	18.3	17.8	17.4	17.0	16.6	16.3	16.0	15.7
3.2	23.0	21.6	20.5	19.6	18.9	18.2	17.7	17.2	16.8	16.4	16.1	15.7	15.5	15.2
3.3	22.2	20.9	19.8	18.9	18.2	17.6	17.1	16.6	16.2	15.9	15.5	15.2	14.9	14.7
3.4	21.5	20.2	19.2	18.3	17.6	17.1	16.5	16.1	15.7	15.3	15.0	14.7	14.5	14.2
3.5	20.9	19.6	18.6	17.8	17.1	16.5	16.0	15.6	15.2	14.9	14.6	14.3	14.0	13.8
3.6	20.2	19.0	18.0	17.2	16.6	16.0	15.5	15.1	14.8	14.4	14.1	13.8	13.6	13.3
3.7	19.6	18.4	17.5	16.7	16.1	15.5	15.1	14.7	14.3	14.0	13.7	13.4	13.2	13.0
3.8	19.1	17.9	17.0	16.2	15.6	15.1	14.7	14.3	13.9	13.6	13.3	13.0	12.8	12.6
3.9	18.5	17.4	16.5	15.8	15.2	14.7	14.2	13.9	13.5	13.2	12.9	12.7	12.4	12.2
4.0	18.0	16.9	16.0	15.3	14.8	14.3	13.9	13.5	13.1	12.8	12.6	12.3	12.1	11.9
4.1	17.5	16.5	15.6	14.9	14.4	13.9	13.5	13.1	12.8	12.5	12.2	12.0	11.8	11.6

※ 일본신장학회의 '추정사구체여과율(eGFR) 남녀·연령별 조견표'를 바탕으로 작성했다.
※ 수치는 어디까지나 추산치로, 남녀·연령별 표준적인 근육량으로 산출했다. 정확한 진단이 필요한 경우에는 의료 기관을 방문해 진료를 받아보기 바란다.

만성콩팥병의 단계를 알아 두자

추정사구체여과율(eGFR) 조견표 – 여성용

혈청크레아티닌 수치 (mg/dL)	연령													
	20	25	30	35	40	45	50	55	60	65	70	75	80	85
0.6	106.1	99.5	94.5	90.4	87.0	84.1	81.6	79.4	77.4	75.7	74.1	72.6	71.3	70.0
0.7	89.6	84.1	79.8	76.3	73.5	71.0	68.9	67.1	65.4	63.9	62.6	61.3	60.2	59.2
0.8	77.5	72.7	68.9	66.0	63.5	61.4	59.5	57.9	56.5	55.2	54.1	53.0	52.0	51.1
0.9	68.1	63.9	60.6	58.0	55.8	54.0	52.3	50.9	49.7	48.6	47.5	46.6	45.7	45.0
1.0	60.7	56.9	54.0	51.7	49.7	48.1	46.6	45.4	44.3	43.3	42.4	41.5	40.8	40.1
1.1	54.7	51.3	48.7	46.6	44.8	43.3	42.0	40.9	39.9	39.0	38.2	37.4	36.7	36.1
1.2	49.7	46.6	44.2	42.3	40.7	39.4	38.2	37.2	36.3	35.4	34.7	34.0	33.4	32.8
1.3	45.5	42.7	40.5	38.8	37.3	36.1	35.0	34.1	33.2	32.5	31.8	31.2	30.6	30.1
1.4	42.0	39.4	37.4	35.8	34.4	33.3	32.3	31.4	30.6	29.9	29.3	28.7	28.2	27.7
1.5	38.9	36.5	34.7	33.2	31.9	30.9	29.9	29.1	28.4	27.8	27.2	26.6	26.2	25.7
1.6	36.3	34.0	32.3	30.9	29.7	28.8	27.9	27.1	26.5	25.9	25.3	24.8	24.4	24.0
1.7	34.0	31.9	30.2	28.9	27.8	26.9	26.1	25.4	24.8	24.2	23.7	23.2	22.8	22.4
1.8	31.9	29.9	28.4	27.2	26.1	25.3	24.5	23.9	23.3	22.7	22.3	21.8	21.4	21.1
1.9	30.1	28.2	26.8	25.6	24.6	23.8	23.1	22.5	21.9	21.4	21.0	20.6	20.2	19.8
2.0	28.4	26.7	25.3	24.2	23.3	22.5	21.9	21.3	20.7	20.3	19.8	19.5	19.1	18.8
2.1	26.9	25.3	24.0	23.0	22.1	21.4	20.7	20.2	19.7	19.2	18.8	18.4	18.1	17.8
2.2	25.6	24.0	22.8	21.8	21.0	20.3	19.7	19.2	18.7	18.3	17.9	17.5	17.2	16.9
2.3	24.4	22.9	21.7	20.8	20.0	19.3	18.8	18.2	17.8	17.4	17.0	16.7	16.4	16.1

색상은 추정사구체여과율(eGFR)의 단계를 분류한 것이다.

　□ G1(90~)　　□ G2(60~89)　　□ G3a(45~59)　　■ G3b(30~44)　　■ G4(15~29)

　■ G5(~14)

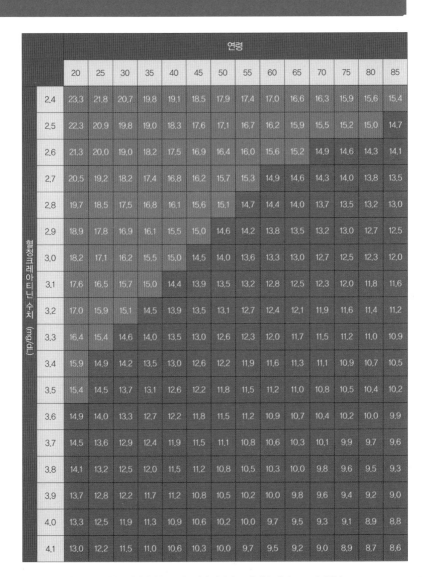

혈청크레아티닌 수치 (mg/dL)	연령													
	20	25	30	35	40	45	50	55	60	65	70	75	80	85
2.4	23.3	21.8	20.7	19.8	19.1	18.5	17.9	17.4	17.0	16.6	16.3	15.9	15.6	15.4
2.5	22.3	20.9	19.8	19.0	18.3	17.6	17.1	16.7	16.2	15.9	15.5	15.2	15.0	14.7
2.6	21.3	20.0	19.0	18.2	17.5	16.9	16.4	16.0	15.6	15.2	14.9	14.6	14.3	14.1
2.7	20.5	19.2	18.2	17.4	16.8	16.2	15.7	15.3	14.9	14.6	14.3	14.0	13.8	13.5
2.8	19.7	18.5	17.5	16.8	16.1	15.6	15.1	14.7	14.4	14.0	13.7	13.5	13.2	13.0
2.9	18.9	17.8	16.9	16.1	15.5	15.0	14.6	14.2	13.8	13.5	13.2	13.0	12.7	12.5
3.0	18.2	17.1	16.2	15.5	15.0	14.5	14.0	13.6	13.3	13.0	12.7	12.5	12.3	12.0
3.1	17.6	16.5	15.7	15.0	14.4	13.9	13.5	13.2	12.8	12.5	12.3	12.0	11.8	11.6
3.2	17.0	15.9	15.1	14.5	13.9	13.5	13.1	12.7	12.4	12.1	11.9	11.6	11.4	11.2
3.3	16.4	15.4	14.6	14.0	13.5	13.0	12.6	12.3	12.0	11.7	11.5	11.2	11.0	10.9
3.4	15.9	14.9	14.2	13.5	13.0	12.6	12.2	11.9	11.6	11.3	11.1	10.9	10.7	10.5
3.5	15.4	14.5	13.7	13.1	12.6	12.2	11.8	11.5	11.2	11.0	10.8	10.5	10.4	10.2
3.6	14.9	14.0	13.3	12.7	12.2	11.8	11.5	11.2	10.9	10.7	10.4	10.2	10.0	9.9
3.7	14.5	13.6	12.9	12.4	11.9	11.5	11.1	10.8	10.6	10.3	10.1	9.9	9.7	9.6
3.8	14.1	13.2	12.5	12.0	11.5	11.2	10.8	10.5	10.3	10.0	9.8	9.6	9.5	9.3
3.9	13.7	12.8	12.2	11.7	11.2	10.8	10.5	10.2	10.0	9.8	9.6	9.4	9.2	9.0
4.0	13.3	12.5	11.9	11.3	10.9	10.6	10.2	10.0	9.7	9.5	9.3	9.1	8.9	8.8
4.1	13.0	12.2	11.5	11.0	10.6	10.3	10.0	9.7	9.5	9.2	9.0	8.9	8.7	8.6

※ 일본신장학회의 '추정사구체여과율(eGFR) 남녀·연령별 조견표'를 바탕으로 작성했다.

※ 수치는 어디까지나 추산치로, 남녀·연령별 표준적인 근육량으로 산출했다. 정확한 진단이 필요한 경우에는 의료 기관을 방문해 진료를 받아보기 바란다.

만성콩팥병의 단계를 알아두자

10 만성콩팥병, 관리만 잘하면 투석을 피할 수 있다

중증도에 맞춘 치료 방법

과거에는 만성콩팥병을 '불치병' 또는 '죽음에 이르는 병'이라고 생각했다. 하지만 현재는 만성콩팥병 증상을 개선할 수도 있고 진행을 억제할 수도 있다는 사실을 인정하고 있다.

신장 기능이 저하되기 시작한 지 얼마 되지 않았다면 식사 관리나 운동으로도 개선을 기대할 수 있다. 그 이상으로 신장 기능이 악화된 경우라면 신장 기능을 원래 상태로 되돌릴 수는 없지만, 질병으로 진행되지 않도록 늦추거나 막을 수는 있으므로 일상생활을 해 나가는 데 지장이 없다. 만성콩팥병에 걸렸다 해도 결코 비관할 필요는 없는 것이다.

실제로 어떻게 만성콩팥병에 대처해 나갈 것인지의 기준이 되는 것이 만성콩팥병의 중증도 구분이다. 이 중증도는 33쪽 하단의 표처럼 사구체여과율에 따른 단계 나누기와 요단백(당뇨병이 있는 사람은 요알부민)을 합친 평가로 분류한다. 표 안의 '경도'까지는 식사나 운동 등 생활 습관을 개선하기만 해도 회복이 가능하지만, '중등도'가 되면 신부전의 위험이 있으므로 전문의의 진단과 치료가 필요하다. '고도' 부분은 신장 기능이 현저하게 저하되어 있는 상태이므로 투석 치료나 신장 이식을 고려해야 한다.

현재는 죽음에 이르는 경우가 줄었을 뿐 아니라 투석요법 시작 시기를 늦출 수 있는 방법도 있다. 하지만 질병은 되도록 빨리 발견하고 대처하는 것이 그 무엇보다 중요하다.

만성콩팥병은 진행을 막는 것이 가장 중요하다

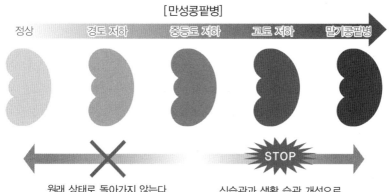

[만성콩팥병]

정상　　경도 저하　　중등도 저하　　고도 저하　　말기콩팥병

원래 상태로 돌아가지 않는다.　　STOP　식습관과 생활 습관 개선으로 진행을 막는다.

신장 기능이 어느 정도 악화하면 더 이상 원래 상태로 돌아가지 않는다. 그러므로 이때부터는 만성콩팥병으로 진행되는 것을 막아야 한다. 식습관과 생활 습관을 개선하고 적절한 치료를 받아 병세가 안정되면 평소처럼 일상생활을 할 수 있다.

만성콩팥병의 중증도

			단백뇨 구분		
			A1	A2	A3
당뇨병이 아닌 사람		요단백	-, ±	+	++ 이상
당뇨병이 있는 사람		요알부민 수치(mg/gCr)	~29	30~299	300~
추정사구체여과율	G1	GFR 90~	정상	경도	중등도
	G2	GFR 60~89	정상	경도	고도
	G3a	GFR 45~59	경도	중등도	고도
	G3b	GFR 30~44	중등도	고도	고도
	G4	GFR 15~29	고도	고도	고도
	G5	GFR ~14	고도	고도	고도

만성콩팥병의 중증도는 27쪽에서 소개한 사구체여과율에 따른 단계 구분과 요단백 (당뇨병의 경우 요알부민)을 합쳐 평가한다. 정상 이외에는 만성콩팥병으로 진단하지만, '경도'까지는 생활 습관을 개선하면 회복할 수 있다.

11 말기콩팥병이라도 일상생활은 가능하다?

말기콩팥병의 치료법

만성콩팥병이 진행되면 결국 말기콩팥병에 이르게 된다. 말기콩팥병은 27쪽에서 소개한 단계로 말하면 G5에 해당하며 신장 기능이 본래의 15% 미만으로 남은 상태이다.

이런 상태에서는 혈액 여과도 잘되지 않기 때문에 몸속에 노폐물이 자꾸 쌓여 요독증에 빠지게 된다. 요독증에 빠지면 두통이나 권태감, 메스꺼움 등이 심해져 전신 경련이나 호흡 곤란, 심부전 등도 일어나고 이윽고 죽음에 이른다.

이러한 상태가 되었다고 해서 이미 끝난 것이 아니라 35쪽에 나와 있는 것처럼 인공투석(투석요법)이나 신장이식을 하면 일상생활로 돌아갈 수 있다. 이 중 많은 환자가 선택하는 것이 혈액투석이다. 혈액 투석을 하게 되면 처치 시간이 있어 부담이 크기는 하지만, 일이나 여행 등도 할 수 있다.

그렇기는 해도 투석요법은 어디까지나 신장의 기능을 도울 뿐이며 말기 상태로 기능이 떨어져 있다 해도 신장 자체는 여전히 필수 불가결한 장기이다. 그러므로 더 이상 악화되지 않도록 식사 제한이나 운동요법 등을 해야 한다.

그 이상으로 신장이 나빠진 경우에는 신장이식도 검토해야 한다. 이식하면 신장은 거의 정상으로 돌아가고 혈액투석과 같은 시간적 제약도 없지만, 면역에 따른 거부 반응 등 위험도 고려해야 한다.

말기콩팥병이 되면···

- 두통
- 권태감
- 구역질
- 구토
- 식욕 저하

- 전신 경련
- 폐수종
- 숨이 참
- 호흡 곤란
- 심부전

이러한 증상들이 나타나면 최종적으로 죽음에 이른다.

몸속에 노폐물이 쌓여 **요독증에**

거기서…

투석요법

혈액투석

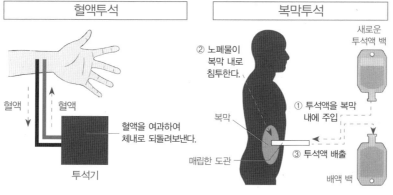

혈액

혈액

혈액을 여과하여 체내로 되돌려보낸다.

투석기

혈액을 투석기에 통과시켜 여과한 후에 체내로 되돌려보낸다. 1주일에 3번 정도, 각각 4~6시간에 걸쳐 행한다.

복막투석

② 노폐물이 복막 내로 침투한다.

복막

매립한 도관

새로운 투석액 백

① 투석액을 복막 내에 주입

③ 투석액 배출

배액 백

복막의 삼투압을 이용하여 노폐물 배출한다. 장기간 지속할 수는 없지만, 의료 기관에 구속되는 시간이 적다는 장점이 있다.

신장이식

신장이식은 신장 기능을 거의 정상으로 되돌리는 방법이다. 생존자로부터 한쪽만 신장을 받는 생체 신장이식과 뇌사·심폐 정지인 사람으로부터 신장을 제공받는 뇌사자 이식이 있다.

- 신장의 기능이 거의 정상이 된다.
- 생활의 제약이 적다.
- 거부 반응의 가능성이 있다.

12 만성콩팥병에 걸리지 않는 최강 예방법

대사증후군을 피하는 것이 가장 중요하다

만성콩팥병은 현재 불치병은 아니지만, 한 번 나빠진 신장은 원래 상태로 돌아가지 않기 때문에 걸리지 않는 것보다 좋을 수는 없다.

만성콩팥병은 대체 왜 걸리는 걸까? 가장 많은 원인은 대사증후군이다. 고혈당으로 당뇨병에 걸리면 당뇨병콩팥병에 걸리기 쉽고 고혈압은 신장경화증을 초래한다. 이상지혈증도 동맥경화증을 일으켜 신장 기능의 저하로 이어진다. 또한 푸린을 많이 섭취하여 고요산혈증이 되면 통풍신장병증을 일으킨다. 대사증후군은 만성콩팥병의 온상이라고 할 수 있는 위험한 상태인 것이다.

다시 말하면, 대사증후군을 피하는 것이 만성콩팥병을 예방하기 위한 가장 큰 포인트라고 할 수 있다. 대사증후군은 심근경색과 뇌졸중의 위험을 크게 높이므로 만성콩팥병의 예방을 위해서뿐만 아니라 평소 늘 조심해야 한다. 대사증후군에 걸리지 않도록 하기 위해서는 식생활에 주의하고 적당한 운동을 해야 한다.

다만, 만성콩팥병은 대사증후군 이외에도 다낭콩팥병이나 알포트증후군 같은 유전적인 질환으로 일어나기도 하고 원인 불명의 급성콩팥손상으로 생기기도 한다. 따라서 정기적인 소변 검사나 혈액 검사를 통해 신장의 이상을 조기에 발견하는 것이 중요하다.

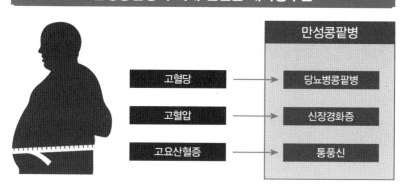

만성콩팥병의 최대 원인은 대사증후군

만성콩팥병

고혈당	→	당뇨병콩팥병
고혈압	→	신장경화증
고요산혈증	→	통풍신

만성콩팥병을 예방하려면 **대사증후군을 조심하자.**

고혈당은 당뇨병콩팥병으로 이어지고 고혈압은 신장경화증으로 이어지며 이상지혈증도 동맥경화를 초래해 신장 장애를 일으킨다. 비만인 사람에게 많은 고요산혈증은 통풍신을 발병시키기 쉽다. 대사증후군은 만성콩팥병의 가장 큰 원인이므로 우선 대사증후군을 피하는 것이 가장 좋은 예방법이라 할 수 있다.

식생활에 주의

대사증후군의 가장 큰 원인은 과식이나 과음으로 인한 비만이다. 열량과 당질 과다 섭취하지 않는 식생활을 해야 한다.

적당한 운동

적당한 운동은 비만을 해소해 대사증후군을 예방할 수 있다. 그뿐 아니라 몸을 움직이면 신진대사의 활성화에도 도움이 된다.

검사로 조기 발견

대사증후군이 아니라도 만성콩팥병에 걸릴 수 있다. 매년 건강검진을 받고 소변 검사나 혈액 검사를 통해 이상을 조기에 발견하는 것이 중요하다.

37

만성콩팥병에 걸리지 않는 최강 예방법

13 또 있다! 신장질환

주의해야 할 여러 가지 신장질환

지금까지 주로 만성콩팥병에 대해 살펴봤는데, 신장과 관련된 질환은 이 밖에도 많다.

예를 들어, 유전성 질병인 다낭콩팥병이 있다. 다낭콩팥병은 신장에 생긴 다수의 낭종(액체로 가득 찬 주머니)이 신장을 압박하는 질환이다.

이와 마찬가지로 유전성 질병인 '알포트증후군'도 있다. 알포트증후군은 난청이나 시각 장애를 동반하는 질환으로, 남성에게 많은 것이 특징이다.

또한 단독 질병 이름은 아니지만, 단백질이 소변으로 나오고 온몸이 붓는 질환의 총칭으로 '신증후군'이 있다. 사구체신염이나 당뇨병콩팥병 등 만성콩팥병이 되는 질환도 포함되지만, 일시적으로 신장 상태가 나빠지는 '미세변화 신증후군'도 있다.

이 밖에 신장암이나 요로결석도 신장과 관련된 질환 중 하나이다. 신장암은 전체 암 중에서 걸리는 사람 수, 사망자 수 모두 2~3% 정도로 희귀암이지만 발견하기 어려운 질환이다. 요로결석은 고요산혈증이 있는 사람에게 많아 주변에서도 비교적 자주 볼 수 있다.

이상과 같이 신장질환은 생활 습관과 관계없이 발생하기도 한다. 언제 어디서 발병할지 모르므로 몸에 이상을 느끼면 빨리 의료 기관을 방문해 검사를 받아 보는 것이 좋다.

다낭콩팥병(PKD) ※ Polycystic Kidney Disease

낭종
(액체가 가득찬 주머니)

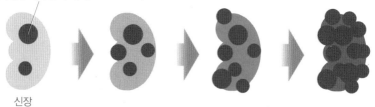

신장

- 신장에 낭종이 생겨 점점 증식한다.
- 신장이 압박을 받아 신장 기능이 저하된다.
- 신장이 비대해져 복부를 압박한다.

최종적으로
말기콩팥병에 이른다.

다낭콩팥병은 신장에 낭종이 많이 생기고 신장이 비대해져 신장 기능이 저하되는 병이다. 부모에서 자식으로 유전되는 질병으로, 태어날 때부터 낭종이 늘어나기 시작해 30~40세경에 뚜렷하게 발병하고 60세경에는 대부분 말기콩팥병에 이른다. 생활 습관과 상관없이 말기콩팥병이 되는 병 중 하나이다.

다낭콩팥병 증상

- 30~40대부터 증상이 나타난다.
- 혈뇨나 복통, 고혈압이 발병 신호이다.
- 신장의 비대화로 통증을 동반하기도 한다.
- 위나 장을 압박하여 식욕 부진을 일으키기도 한다.
- 뇌동맥류 등의 합병증도 있다.
- 60세 무렵은 대부분 투석요법이 필요하다.
- 근본적인 치료법은 없다.

다낭콩팥병은 유전성 질병

보통염색체우성 다낭콩팥병 (ADPKD)
※ Autosomal Dominant Polycystic Kidney Disease

- 부모 중 한 사람이 해당 유전자 돌연변이를 갖고 있으면 발병의 가능성이 높다.
- 증례는 비교적 많다.

보통염색체열성 다낭콩팥병 (ARPKD)
※ Autosomal Recessive Polycystic Kidney Disease

- 부모 모두 해당 유전자 돌연변이를 갖고 있어야 발병한다.
- 증례는 드물다.

또 있다! 신장질환

루푸스신염

전신 홍반 루푸스	루푸스신염

자기 자신에 대한 항체가 생겨 버리는
자가 면역 질환

증상
- 발열
- 관절통
- 나비모양 홍반
(코에서 양 볼에
걸쳐 나타나는 붉은 빛)

이에 따라
발병

사구체

자기 자신에
대한 항체

증상
- 단백뇨
- 혈뇨
- 부종

원인은 불분명하지만,
20~40대 여성에게 많다.

최종적으로는
말기콩팥병에 이른다.

전신 홍반 루푸스는 병에 합병하여 일어나는 신염으로, 주로 여성에게 많고 원인을 알 수 없는 자가면역질환으로 발열과 관절통이 있고 얼굴에 나비 모양의 붉은 기가 생긴다. 루푸스신염을 동반하는 빈도가 많으며 만성콩팥병으로 진행되는 경우도 많다.

알포트증후군

신장

유전자 변이에 따른
사구체신염이 나타난다.

알포트증후군은 염색체와 관련이 있어
남성에게
압도적으로 많다.

난청, 시각 장애
를 동반하는 일이 많다.

- 어린 시절부터 혈뇨가 나온다.
- 상당수 남성 환자의 경우 40세 정도까지 말기콩팥병에 이른다.

알포트증후군은 유전성 사구체신염으로, X염색체 이상과 관련이 있어 남성에게 많다. 어릴 때부터 혈뇨가 나오고 난청이나 시각 장애를 동반하는 경우도 많다. 알포트증후군이 있는 남성의 경우, 90%가량이 40세 무렵까지 말기콩팥병에 이른다. 여성도 알포트증후군 사례는 여성에게도 일부 나타나지만, 말기콩팥병에 이르는 경우는 거의 없다.

신증후군

신증후군 = 단백뇨가 나오고 전신이 부어오르는 증상 발생

단백질이 소변으로 나와 버리면…

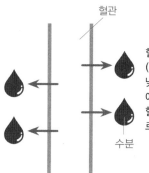

혈관

수분

혈액 속의 알부민(단백질) 농도가 낮아지고 알부민에 의해 유지되던 혈중 수분이 세포로 새어나온다.

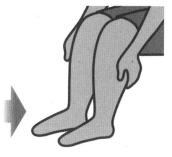

수분이 피하나 장기 밖에 고여 온몸에 부종이 나타난다.

단백뇨가 나오고 온몸이 붓는 병을 통틀어 '신증후군'이라고 부른다. 단백뇨와 부종의 관계는 위와 같다. 신증후군은 아래와 같이 질병의 원인에 따라 일차성과 이차성으로 나뉜다. 소아에게서 돌발적으로 발병하기도 하는데, 이 경우에는 대개 미세변화신증후군이다.

신증후군이 되는 질환

- 미세변화신증후군
- 막사구체신염
- 국소분절사구체경화증
- 막증식사구체신염

→ **일차성(원발성) 신증후군**

- 원인이 되는 질환 없이 단독으로 발생한다.
- 소아에서 고령자까지 넓게 볼 수 있다.

- 당뇨병콩팥병
- 루푸스신염
- 아밀로이드증
- 암
- 감염증(B·C형 간염) 등

→ **이차성(속발성) 신증후군**

- 다른 질환이 원인이 되어 야기된다.
- 신장 이외의 부위에도 악영향을 미친다.

41

또 있다! 신장질환

신장암

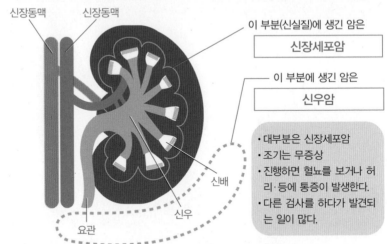

신장동맥　신장동맥

이 부분(신실질)에 생긴 암은
신장세포암

이 부분에 생긴 암은
신우암

- 대부분은 신장세포암
- 조기는 무증상
- 진행하면 혈뇨를 보거나 허리·등에 통증이 발생한다.
- 다른 검사를 하다가 발견되는 일이 많다.

신배

신우

요관

신장암은 신장에 생기는 암으로, '신장암'이라고도 한다. 정확하게는 신장 속의 신실질이라 불리는 부분에 생긴 것을 가리키며 신배나 신우 등에 생긴 암은 '신우암'이라고 부른다. 초기에는 증상이 없어 다른 질환을 검사하다가 발견되는 경우가 많다. 암이 커지면 혈뇨를 보거나 허리·등에 통증이 있다.

요로결석

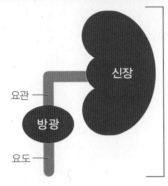

신장

요관

방광

요도

- 소변 속에 결정이 생기면 여기에 옥살산이나 인산, 칼슘 등이 부착되어 결석이 된다.
- 요로를 막으면 심한 통증이 발생한다.
- 남성에게 많다.
- 재발하는 경우가 많다.

이 과정에서 결석이 생기는 병

비만과의 관련
을 지적하기도 한다.

요로결석은 소변 속에 생긴 결정이 큰 결석이 되어 신장이나 요로를 막는 병이다. 비만으로 고요산혈증이 있는 남성에게서 흔히 볼 수 있으며 요로결석이 발병하면 심한 복통이나 요통을 동반한다. 기본적으로 수분을 많이 섭취해 소변에서 배출되도록 유도하지만, 신우신염 증상이 나타나 위독해지는 사례도 있다.

제2장

신장 기능을 높이는
최강의 식사법

14 신장에 좋은 식사법, 나쁜 식사법

먹는 방법에 문제가 없는지 확인해 보자

다른 생물과 마찬가지로 우리 인간도 항상 뭔가를 먹지 않으면 살아갈 수 없다. 그런데 요즘 이 '먹는다'는 행위 자체가 신장을 손상시킬 수 있다는 데 관심이 모아지고 있다.

실제로 뭔가를 먹고 있을 때는 의식이 음식의 모양이나 빛깔, 향, 맛 등으로 향해 있기 때문에 '먹고 있는 상황'이나 '무엇을 어떻게 먹고 있는지'에 대해서는 별로 생각하지 않는 사람이 많다. 예를 들어 여러분이 매일 마시는 페트병 음료가 있다고 가정해 보자. '이 음료에 당분이나 첨가물이 들어 있는가?' '이번 주에 스낵류나 디저트를 몇 번이나 먹었는가?'와 같은 질문에 즉시 답할 수 있는 사람은 많지 않을 것이다. 이렇게 무심코 행하는 일상적인 식습관이 신장에 부담을 줄 뿐만 아니라 만성콩팥병을 초래하는 계기가 될 수 있다.

신장에 좋지 않은 식사법의 한 예를 45쪽에 제시한다. 염분이나 당분, 지질, 알코올 등을 과다하게 섭취하는 것은 물론 좋지 않지만, 아침 식사를 거르거나 외식을 자주 하는 것도 신장에 부담이 된다. 45쪽에 있는 항목의 절반 이상에 해당하는 사람은 이미 자신이 신장병 위험군이라는 것을 의식해 좀 더 심각한 사태를 맞기 전에 하나라도 더 항목을 줄일 수 있도록 식습관을 고치는 것부터 시작하자.

신장에 좋지 않은 음식을 얼마나 먹고 있는가?

- 아침은 거르는 경우가 많다.
- 야채 요리나 샐러드는 잘 먹지 않는다.
- 요리의 양념은 순한 것보다 자극적인 것이 좋다.
- 다른 사람과 함께 식사할 때 대체로 먼저 식사를 마친다.
- 설탕이나 크림을 넣은 커피, 홍차 또는 주스를 자주 마신다.
- 반찬으로는 튀김이나 볶음 요리를 먹는 경우가 많다.
- 아침 식사, 점심 식사는 적게 먹고, 저녁 식사는 많이 먹는다.
- 소시지, 햄 등 가공육을 자주 먹는다.
- 배가 고프면 참지 못하고 간식을 먹는다.
- 버섯이나 해조류, 콩 식품은 별로 먹지 않는다.
- 스낵류나 디저트, 아이스크림 등을 거의 매일 먹는다.
- 거의 매일 술을 마신다.
- 식사는 집보다 밖에서 하는 경우가 많다.
- 식후에 '좀 과식했다'라고 느낄 때가 많다.
- 저녁을 늦게 먹거나 야식을 먹는 일이
  많다.

15 염분, 열량, 알코올을 과다 섭취하지 않는다

중요한 것은 줄이고 삼가는 의식

앞에서도 언급했듯이 염분이나 열량(주로 지질과 당질), 알코올의 과다 섭취는 신장에 큰 부담이 된다. 과다 섭취가 직접 신장을 손상시키는 것이 아니라 과다 섭취에 따른 당뇨병이나 고혈압, 통풍 같은 이른바 생활 습관병의 발병이 결과적으로 신장에 부담을 주게 되는 것이다.

예컨대 **생활 습관병 중에서도 특히 많은 고혈압은 염분 섭취가 가장 큰 원인이다.** 고혈압이 계속되면 주요 혈관뿐 아니라 신장 내 사구체 모세혈관에도 높은 압력이 가해지고 그 결과 노폐물을 걸러 내기 위한 발세포(podocyte)가 파괴되면서 신장 자체의 기능이 떨어지게 된다. 이는 당질이나 지질, 알코올에 대해서도 마찬가지이다. 과식 상태가 계속되면 생활 습관병에 걸릴 위험이 높아지기 때문에 결과적으로 신장이 손상된다.

중요한 것은 과다 섭취하는 습관을 개선해야 한다. 투석요법이 필요할 정도로 신장병이 진행된 사람이 아니라면 엄격한 식사 제한이나 영양 관리를 하지 않아도 된다. 우선 지금의 식습관에서 고쳐야 할 점은 무엇인지 확인하고 '신장을 손상시키는 식사'에서 '신장을 돌보는 식사'로 전환해 나가면 된다. 완전히 끊는 것이 아니라 '줄이고 삼가기'만 해도 충분하다.

식습관과 신장병의 관계

1

염분

염분의 과다 섭취는 고혈압을 초래하고 신장 기능을 떨어뜨리는 원인 중 하나이다.

염분 과다

고혈압

2

알코올

알코올의 과다 섭취는 비만이나 통풍, 대사증후군의 원인이다. 당연히 신장 기능의 저하도 불가피하다.

알코올의
과다 섭취

통풍

3

열량

우선 적절한 에너지량을 아는 것이 중요하다. 열량(당질·지질)의 과다 섭취는 비만을 초래할 뿐 아니라 신장에도 큰 부담을 주게 된다.

대사증후군

이상지혈증

당질과 지질의 과다 섭취

당뇨병

16 3대 영양소의 균형을 생각하라

3대 영양소가 에너지를 만든다

인간의 몸을 움직이는 에너지는 3대 영양소라고도 불리는 '당질', '지질', '단백질'의 3가지 영양 성분으로 이루어져 있다.

'당질'은 탄수화물 속에 포함된 식이섬유를 제외한 나머지 부분으로, 우리의 주식인 쌀이나 빵 외에 뿌리채소류, 과일에도 많이 함유되어 있다.

'지질'은 육류나 식물성 기름, 버터 등에 많이 함유되어 있는데, 너무 많이 섭취하면 체지방으로 축적된다. 단백질은 고기나 생선, 콩제품에 많이 함유되어 있으며 근육이나 피부를 만드는 재료가 되기도 하는 성분이다. 당질과 지질, 단백질 모두 평소 식탁에 자주 오르는 것들이므로 식사를 잘한다면 에너지가 부족해질 일은 없을 듯하지만, 편식이나 과식으로 인해 균형이 무너진 사람도 많다. 일본의 경우 후생노동성이 권장하는 3대 영양소의 섭취 목표량은 1일 섭취 에너지 중 당질(탄수화물) 50~65%, 지질 20~30%(포화지방산 7% 이하), 단백질 13~20%(50~64세의 목표량은 14~20%, 65세 이상은 15~20%)이다. 식단을 짤 때 기준으로 삼으면 좋을 것이다.

또한 잘못된 식습관이나 과식 등으로 체형이 걱정된다면 49쪽의 'BMI(체질량지수) 조견표'에서 체격 지수를 확인해 보기 바란다. 표준 체중은 BMI 22 전후, 비만은 25 이상이다. 비만인 경우에는 균형 잡힌 식사와 이를 소모하기 위한 적당한 운동으로 신장의 부담을 줄일 필요가 있다.

몸을 만드는 3대 영양소

단백질	당질	지질

고기, 생선, 달걀, 콩 제품 등	쌀, 빵, 뿌리채소류, 과일 등	버터, 식물성 기름, 육류, 과자 등

● BMI 조견표

	140cm	145cm	150cm	155cm	160cm	165cm	170cm	175cm	180cm	185cm	190cm
45kg	23.0	21.4	20.0	18.7	17.6						
50kg	25.5	23.8	22.2	20.8	19.5	18.4	17.3				
55kg	28.1	26.2	24.4	22.9	21.5	20.2	19.0	18.0	17.0		
60kg	30.6	28.5	26.7	25.0	23.4	22.0	20.8	19.6	18.5	17.5	
65kg	33.2	30.9	28.9	27.1	25.4	23.9	22.5	21.2	20.1	19.0	18.0
70kg	35.7	33.3	31.1	29.1	27.3	25.7	24.2	22.9	21.6	20.5	19.4
75kg	38.3	35.7	33.3	31.2	29.3	27.5	26.0	24.5	23.1	21.9	20.8
80kg	40.8	38.0	35.6	33.3	31.3	29.4	27.7	26.1	24.7	23.4	22.2
85kg		40.4	37.8	35.4	33.2	31.2	29.4	27.8	26.2	24.8	23.5
90kg			40.0	37.5	35.2	33.1	31.1	29.4	27.8	26.3	24.9
95kg				39.5	37.1	34.9	32.9	31.0	29.3	27.8	26.3
100kg				41.6	39.1	36.7	34.6	32.7	30.9	29.2	27.7
105kg					41.0	38.6	36.3	34.3	32.4	30.7	29.1
110kg						40.4	38.1	35.9	34.0	32.1	30.5
115kg							39.8	37.6	35.5	33.6	31.9
120kg							41.5	39.2	37.0	35.1	33.2

※ 출처 : 일본비만학회, 2011

18.4 이하	저체중	18.5~24.9	보통 체중	25.0~29.9	비만(1도)	30.0~34.9	비만(2도)

35.0~39.9	비만(3도)	40.0 이상	비만(4도)

17 비만을 막아 신장의 기능을 지킨다

자신의 '적정 체중'을 알자

앞에서 소개한 바와 같이 신장과 체중으로 도출하는 체질량지수(BMI)는 22 전후가 표준 체중, 25를 초과하면 과체중으로 판단한다. 과체중이 되면 당연히 생활 습관병에 걸릴 위험이 높고 신장에도 필요 이상의 부담이 가해지므로 이 부담을 줄이고 신장을 지키기 위해서는 다이어트가 필수적이다.

그렇다면 얼마나 체중을 줄여야 할까? 그 체중을 구하는 계산식이 51쪽에 게재한 '표준 체중 계산법'이다. 미터(m)로 환산한 신장의 제곱×22로 구할 수 있다. 예를 들어 신장이 170cm라면 $1.7×1.7×22=63.6$kg이 원래 표준 체중인 셈이다. 수중에 계산기가 없어 바로 계산할 수 없다면 계산식 아래에 있는 '표준 체중 조견표'에서 확인해 보기 바란다.

자신의 표준 체중을 알았다면 이번에는 그 값으로 1일 적정 에너지량을 계산할 수 있다. 51쪽 하단의 '적정 에너지량 계산법'처럼 표준 체중(A)에 최소 25에서 최대 30의 값(B)를 곱한 수치가 하루에 섭취해야 하는 총에너지량이다.

또한 BMI 수치가 높아 다이어트가 필요한 사람은 (B)의 수치를 20~25의 범위에서 계산하면 다이어트에 적합한 에너지량을 도출할 수 있다.

표준 체중 계산법

표준 체중을 구하는 계산식은 다음과 같다.

$$신장(m) \times 신장(m) \times 22 = 표준\ 체중(kg)$$

※ 수식 내의 '22'는
표준적인 BMI 수치

이 계산에서 요구되는 표준 체중 조견표는 다음과 같다.

● 표준 체중 조견표

BMI	키										
	140cm	145cm	150cm	155cm	160cm	165cm	170cm	175cm	180cm	185cm	190cm
18.5(보통 체중 하한)	36.3	38.9	41.6	44.4	47.4	50.4	53.5	56.7	59.9	63.3	66.8
22(표준 체중)	43.1	46.3	49.5	52.9	56.3	59.9	63.6	67.4	71.3	75.3	79.4
25(보통 체중 상한)	49.0	52.6	56.3	60.1	64.0	68.1	72.3	76.6	81.0	85.6	90.3

적정 에너지 계산법

적정 섭취 에너지량을 구하는 계산식은 다음과 같다.

(A)   (B)
$$표준\ 체중(kg) \times 25{\sim}30 = 적정\ 에너지량(kcal)$$

※ 표준 체중 1kg당
적정 에너지량

(A)의 표준 체중에 대하여 ±10%의 폭을 목표 체중'으로 삼아도 된다. 다만, BMI 수치가 높거나 하루 운동량이 적은 사람은 (B)의 값을 20~25의 범위로 계산하고, 운동량이 많은 사람은 25~35의 범위로 계산한다.

이것이 하루 세 끼분의 목표치이다. 되도록 세 끼에 균등하게 섭취하도록 하자.

51

비만을 막아 신장의 기능을 지킨다

18 식품은 포장지 뒷면의 '영양 성분 표시'를 보고 사라

읽어 보지만 말고 비교해 보자

여러분은 식품을 구입할 때 영양 성분 표시를 확인하는 가? 시판되고 있는 식품 포장지의 '영양 성분 표시'란에는 '에너지(열량)', '단백질', '지질', '탄수화물', '식염상당량' 등 5항목을 표시하도록 식품 표시법에 명시되어 있다. 여기에 표시된 각 항목의 수치를 보면 언뜻 보기에 비슷한 상품이라도 성분 차이를 한눈에 알 수 있다.

최근 TV 광고나 광고 등에서 '당질 오프'나 '열량 제로'를 대대적으로 표방한 상품을 자주 볼 수 있다. 건강에 대한 의식이 높은 사람이라면 무심코 눈길이 가는 문구이지만, 이러한 문구의 표시에도 소비자청이 정한 일정한 규칙(영양 강조 표시의 기준)이 있다. 예를 들어 음료에서 '당질을 포함하지 않는다'라는 의미의 '당질 제로', '무설탕' 등의 문구를 포장지에 표시하려면 100ml당 당질량이 0.5g 이하여야 한다. 즉, 500ml 들이 페트병은 당질 2.5g까지는 '당질 제로'라고 표시할 수 있는 것이다. '라이트'나 '오프' 등의 표시 역시 기준치가 정해져 있다. '라이트'나 '오프'라는 문구에 현혹되지 않기 위해서는 우선 영양 성분 표시를 보고 무엇이 얼마나 들어 있는지 확인하자.

영양 성분 표시와 영양 강조 표시

● 영양 성분 표시 규칙

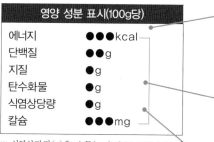

영양 성분 표시(100g당)	
에너지	●●●kcal
단백질	●●g
지질	●g
탄수화물	●g
식염상당량	● g
칼슘	●●●mg

※ 식염상당량(g)은 소듐(mg)×2.54÷100으로 산출할 수 있다.

반드시 '영양 성분 표시'라고 기재. 단위는 100g, 100ml, 1끼분, 1봉지, 기타 1단위 중 하나

에너지, 단백질, 지질, 탄수화물, 소듐(나트륨) 등 5개 항목은 필수이며 순서도 변경 불가하다. 또한 소듐은 식염 상당량(※)으로 환산하여 표시한다.

문자 크기는 원칙적으로 8pt(포인트) 이상. 단, 표시 면적이 150cm² 이하인 경우는 5.5pt 이상으로 한다.

● 영양 강조 표시 기준

영양 성분	포함하지 않음 (제로·난·프리·무 등)	낮다(라이트·오프·다이어트·낮음·적음 등)의 표시가 가능함	
		식품	음료
열량	5kcal	40kcal	20kcal
지질	0.5g	3g	1.5g
포화지방산	0.1g	1.5g	0.75g
콜레스테롤	5mg	20mg	10mg
당류	0.5g	5g	2.5g
소듐	5mg	120mg	120mg

※ 각 기준은 식품 100g, 음료 100ml당 함유량으로, 기준치 미만이면 강조 표시가 가능하다.
※ 출처 : 소비자청, '영양 성분 표시 및 영양 강조 표시란?'

● 영양 강조 표시(당질) 예

100g당
당질 0.5g 이하는
당질 제로

100ml당
당질 2.5g 이하는
당질 오프

대상 상품과 비교해
탄수화물 ○% 컷이라고
표시하기도 한다.

19 신장을 생각한다면 먹어서는 안 되는 삼가야 할 음식 10가지

맛있는 것일수록 위험하다

일본인의 음식 환경은 세계적으로도 매우 풍부하고 다양하며 영양가도 우수한 것으로 알려져 있다. 반면, 맛과 간편함, 조리의 간편함, 원재료비의 압축 등을 추구한 결과, 음식의 안전성에 물음표가 붙는 식품도 많다.

이러한 식품 중에서도 특히 생활 습관병의 위험이 높아 **신장을 생각한다면 먹지 말아야 할 식품이 55쪽에 예로 든 '삼가야 할 음식 10가지'이다.** 모두 구하기 쉽고 간편해 거의 매일 먹는 사람이 많을 것이다. 하지만 대부분 열량, 염분, 당질, 지질이 높아 대표적인 고위험 식품에 속하며, 맛있고 손쉽게 구할 수 있기 때문에 더욱 주의해야 한다. 건강한 사람이 1주일에 1~2회 먹는 정도라면 문제가 없지만, 신장 기능이 저하된 사람은 절대 먹어서는 안 된다. **최근에는 건강을 생각해 물 대신 야채주스나 스포츠 음료를 마시는 사람이 늘고 있는데, 사실 이것도 좋지 않다.** 비타민과 미네랄이 풍부하지만 당분도 많이 들어 있기 때문에 매일 습관적으로 계속 마시는 것은 좋지 않다.

삼가 음식을 끊어서 스트레스가 쌓인다면 일단 먹고 기분을 새롭게 하는 것도 하나의 방법이다. 다만, '1주일에 한 번 한 가지만' 등 규칙을 정해 놓고 지키는 것이 좋다.

의사가 권하지 않는 삼가야 할 음식 10가지

양과자

대부분 열량, 지질, 당질 모두 매우 높아 신장에 좋지 않다.

과자, 빵

크림이나 초콜릿, 잼 등을 넣은 과자, 빵, 빵 위에 부식이 토핑된 조리도 당뇨병의 원인이 될 수 있다.

주스

당분이 많아 혈당이 오르기 쉽다. 야채 주스나 스포츠 음료도 마찬가지다.

캔커피

커피나 홍차도 설탕이나 우유를 넣으면 주스와 다르지 않다. 마시고 싶다면 무설탕으로 마시자.

튀김

열량, 지질 모두 높아 신장에 부담이 크다. 튀김옷이 있다면 뜯어내고 먹자.

육류 가공품

햄과 베이컨, 소시지는 염분이 많고 식품 첨가물인 '인'도 들어 있다.

패스트푸드

열량, 염분, 당질, 지질 모두 높아 권하지 않는다. 먹고 싶다면 빈도를 줄이는 것이 좋다.

인스턴트 식품

염분 함량이 높은 식품이 많으므로 구입 시 잘 확인해야 한다. 식품 첨가물도 많이 들어 있다.

라면

대체로 염분이 높고 고열량에 지질도 높다. 먹고 싶을 때는 국물은 마시지 말고 남긴다.

비계

고기의 비계나 껍질은 지질 덩어리이다. 제거하고 먹으면 열량을 크게 줄일 수 있다.

20 식품에 함유된 '인'과 신장의 관계

신장병이 진행되면 고인산염혈증에 주의한다

'인'은 단백질에 들어 있는 미네랄 중 하나이다. 그 대부분은 칼슘과 결합해 뼈나 치아를 만드는 재료가 될 뿐 아니라 체내 환경의 정상화에도 한몫한다. 과다 섭취한 '인'은 보통 신장에 의해 몸 밖으로 배출되지만, 신장 기능이 저하되어 있으면 인이 충분히 배출되지 않아 혈액 속의 인 농도가 높아지는 '고인산염혈증'이 발병할 수 있다. '고인산염혈증'이 생기면 신장 기능을 더 떨어뜨려 '저칼슘혈증'을 초래하고 뼈가 약해지는 '골다공증'이나 인과 칼슘이 결합해 장기나 혈관에 침착되는 '이소성석회화' 등의 증상을 연쇄적으로 일으킨다. 특히, '이소성석회화'가 동맥에서 일어나면 심근경색이나 뇌경색을 일으키는 원인이 되기 때문에 경시할 수 없다.

만약 증상이 가볍더라도 신장병으로 진단되면 혈중 인 농도를 정상 범위로 낮출 수 있는 식사 관리가 필요하다.

인을 제한하려면 단백질이 많이 함유된 고기나 생선, 유제품 등의 섭취량을 줄여야 한다. 이 밖에도 유화제나 간수, pH 조절제 같은 식품 첨가물에도 인(인산염)이 포함되어 있으므로 관련 식품(가공육이나 인스턴트 식품 등)은 되도록 먹지 않도록 하자.

신장 기능과 인의 관계

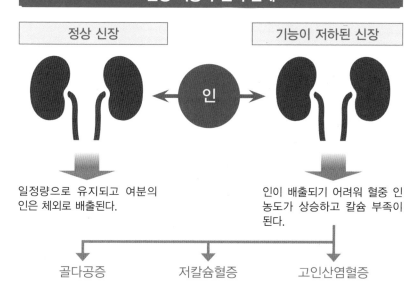

| 정상 신장 | 기능이 저하된 신장 |

일정량으로 유지되고 여분의
인은 체외로 배출된다.

인이 배출되기 어려워 혈중 인
농도가 상승하고 칼슘 부족이
된다.

골다공증   저칼슘혈증   고인산염혈증

인이 많이 함유된 식품 및 식품 첨가물

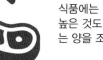

**단백질을 적당히
섭취한다**

단백질이 많이 함유된
식품에는 인 함유량이
높은 것도 많으므로 먹
는 양을 조절한다.

**인 함유량이 많은 식
품은 적당히 섭취한다**

달걀을 이용한 식품이
나 우유, 치즈 등 유제
품, 견과류 등에도 인이
많이 함유되어 있다. 이
러한 식품을 너무 많이
섭취하지 않도록 주의한
다.

가공 식품은 되도록 먹지 않는다

컵라면 등 인스턴트 식품이나 패스트푸
드, 육류 가공품은 식품 첨가물(인산염)
이 많이 함유되어 있으므로 되도록 먹
지 않거나 먹는 횟수를 줄인다.

21 고기를 마음껏 먹어도 되는 부위와 조리법

고기는 어떻게 먹느냐가 중요하다!

세대 불문하고 고기 요리를 좋아하는 사람이 많다. 치킨, 햄버그, 돼지생강구이 등은 누구나 좋아하는 음식의 상위에 들 정도로 인기 메뉴이다. 영양 면에서도 3대 영양소 중 하나인 단백질을 섭취하는 데 빼놓을 수 없지만, 먹는 부위나 먹는 방법에 주의하지 않으면 콜레스테롤 과다 상태가 되어 건강을 해칠 수도 있다. **축적된 콜레스테롤이 온몸의 혈관을 손상시키고 신장 기능의 저하를 초래할 수 있는 것이다.**

59쪽의 표는 슈퍼마켓 등에서 흔히 볼 수 있는 고기 100g당 영양 성분을 정리한 것이다. 주목해야 할 것은 '지질' 항목이다. 예를 들어 같은 돼지고기라도 삼겹살과 등심 고기는 지질량이 2배 가까이 차이 나는 것을 알 수 있다. 닭가슴살의 연한 부위에 해당하는 닭 안심살은 지질이 닭다리살의 18분의 1에 불과하다. 건강을 해치지 않고 고기를 계속 먹을 수 있다고 가정한다면 이 차이는 결코 무시할 수 없을 것이다.

고기를 먹는 방법을 연구하는 것도 중요하다. 미리 비계나 껍질 부분을 손질하면 조리 중에 나오는 여분의 지방을 줄일 수 있다. 또한 **삶거나 찌거나 굽는 등의 조리법은 조리 중에 고기에 포함된 지방을 줄일 수 있다.** 소량의 기름에 지지거나 볶음 요리를 해도 기름의 양을 줄일 수 있다.

고기 부위별 지방량은 이렇게 다르다

● 고기의 종류와 부위별 100g(먹을 수 있는 부분)당 지질량의 차이

고기의 종류와 부위		지질	에너지	단백질	탄수화물	식염 상당량
소고기	안심 / 비계째(생)	50g	472kcal	11g	0.1g	0.1g
	넓적다리/비계째(생)	18.7g	235kcal	19.2g	0.5g	0.1g
	갈비살 (생)	15g	207kcal	19.1g	0.3g	0.1g
돼지고기	삼겹살 / 비계째(생)	40.1g	398kcal	13.4g	0g	0.1g
	등심 / 비계째(생)	22.6g	275kcal	18.3g	0.2g	0.1g
	갈비살 (생)	1.7g	105kcal	22.7g	0.1g	0.1g
닭고기	닭다리살/껍질째(생)	14.2g	190kcal	16.6g	0g	0.2g
	닭가슴살 / 껍질째(생)	5.9g	133kcal	21.3g	0.1g	0.1g
	닭 안심(생)	0.8g	98kcal	23.9g	0.1g	0.1g

※ 출처 : 문부과학성/일본식품표준성분표 2020년판(개정)

기름기를 줄여 맛있게 먹는 법

기름기가 적은 종류, 부위를 선택한다

원래 비계가 적은 고기라면 지질 과다 섭취를 크게 신경 쓸 필요는 없다. 위 표를 참고해 지질이 적은 종류나 부위를 선택해 먹도록 하자.

여분의 비계는 조리 전에 제거한다

스테이크, 돈까스 등 쫄깃쫄깃한 고기요리를 즐기고 싶을 때는 조리 전에 여분의 비계를 잘라 내는 것이 좋다.

튀기거나 볶는 것보다 찌거나 삶는 것이 좋다

튀기거나 볶는 요리에는 기름이 사용되므로 좋지 않다. 지질을 줄이고 싶다면 찌거나 삶은 요리가 좋다. 구우면서 기름을 빼는 '석쇠 구이'도 추천한다.

22 하루 350g의 야채는 신장에 좋다

기준은 생야채를 양손 가득

건강을 유지하는 데 빼놓을 수 없는 음식이 채소류이다. 채소에는 각종 비타민과 미네랄이 풍부하게 함유되어 있는 반면, 고기에 들어 있는 지질은 거의 없다. 여분의 염분을 체외로 배출하는 포타슘이나 지질 흡수를 억제해 혈당 상승을 완화해 주는 식이섬유도 듬뿍 들어 있다. 그야말로 '슈퍼푸드'인 것이다. 또한 브로콜리나 토마토, 양파 등은 항산화 성분이 많이 함유되어 있어 동맥경화증을 막고 신장 혈관을 지키는 역할도 하는 것으로 확인되었다.

이처럼 채소는 더 이상 먹지 않을 이유를 찾을 수 없을 만큼 건강에 좋은 점만 있지만, 2019년의 '국민 건강·영양 조사 결과'(61쪽 표)에서는 국민의 모든 세대에서 하루에 필요한 채소 섭취량 350g을 충족하지 못하는 것으로 나타났다. 생야채를 기준으로 성인의 양손에 수북한 정도의 양이라고 하니 하루에 다 먹을 수 없는 것도 이해할 수 있다.

야채를 많이 섭취할 수 있는 방법은 가열하여 부피를 줄이거나 썰어서 국물 재료로 만들면 효과적이다. 조림이나 무침, 절임 등 반찬으로 해서 매끼 조금씩 먹는 것도 좋을 것이다. 그대로 샐러드로 먹어도 맛있지만, 드레싱이나 마요네즈는 염분과 당분, 지질이 많이 포함되어 있으므로 너무 많이 뿌리지 않도록 한다.

일본인은 전 세대에서 채소 섭취량이 부족하다

● 채소류 섭취량 구분별 인원 비율

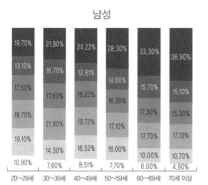

남성

여성

| | 70g 미만 | | 70~140g 미만 | | 140~210g 미만 | | 210~280g 미만 |
| | 280~350g 미만 | | 350g 이상 |

출처 : 후생노동성, 2019년 국민 건강·영양 조사

● 야채 섭취량의 평균치(※ 괄호 안은 녹황색 야채의 섭취량)

	20~29세	30~39세	40~49세	50~59세	60~69세	70세 이상
남성	233g (62.1g)	258.9g (71.6g)	253g (69.2g)	278.2g (75.8g)	304.3g (88.5g)	322.9g (98.1g)
여성	212.1g (58.8g)	223.2g (74.4g)	241.2g (70.4g)	260.7g (79.9g)	309.8g (100.8g)	300.2g (99.5g)

※ 출처 : 후생노동성, 2019년 국민 건강·영양 조사 결과 개요 '채소 섭취량 상황'

야채를 많이 먹으려면

가열하여 숨을 죽인다

잎채소를 가열하면 부피가 줄어들어 먹기 쉽다.

국물 요리의 건더기나 주 요리의 곁들임으로

야채를 국물요리의 건더기로 쓰거나 조림이나 절임으로 먹어도 좋다.

61

하루 350g의 야채는 신장에 좋다

23 식이섬유가 비만과 신장 기능에 대한 고민을 단번에 해결해 준다

식이섬유로 신장의 부담을 경감시킨다

후생노동성이 책정한 '일본인의 식사 섭취 기준(2020년판)'중 식이섬유 섭취 목표량은 성인 남성이 1일 21g 이상, 성인 여성이 18g 이상으로 되어 있다. 이 숫자만 보면 목표량 확보는 쉬워 보이지만, 이것을 양상추로 환산하면 매끼 2개 이상 하루 총 2kg(6~7개)은 먹어야 한다는 계산이 나온다. 식사에 샐러드를 곁들여 먹는 정도로는 전혀 채울 수 없는 양이다.

식이섬유를 충분히 섭취하면 비만을 방지하고 신장의 부담을 줄일 수 있지만, 목적 없이 채소를 먹는 것만으로는 충분한 양을 확보하기 어렵다. 식이섬유는 평소 자주 먹는 채소 외에 해조류, 버섯, 콩류, 과일 등에도 많이 들어 있다. 식이섬유가 풍부한 식재료 가운데 비교적 구하기 쉽고 우리에게 친숙한 것들을 63쪽에 정리해 두었으니 참고해 보자. 이러한 식재료 중에서도 해조류나 버섯류는 열량이 낮아 건강에도 좋다. 건조 목이버섯이나 케일, 녹차 등에 많이 함유되어 있는 수용성 식이섬유는 콜레스테롤의 흡수를 억제하는 작용을 한다. 튀김이나 고기 요리를 먹을 때, 이러한 재료를 곁들어 먹으면 신장에 좋은 식사를 할 수 있을 것이다.

식이섬유가 풍부한 식품 순위

● 식이섬유·수용성 식이섬유가 많이 함유된 주요 식품　　　　　　　　　(단위 : g)

식품명	식이섬유 총량	수용성 식이섬유	불용성 식이섬유
흰목이버섯(건조)	68.7	19.3	49.4
말린 고사리	58	10	48
말린 표고버섯	46.7	2.7	44
전차	46.5	3	43.5
고추(말린 것)	46.4	5.4	41
옥로	43.9	5	38.9
말차	38.5	6.6	31.9
홍차	38.1	4.4	33.7
카레 가루	36.9	6.5	30.4
간표우(박고지) 말린 것	30.1	6.8	23.3
청즙·케일	28	12.8	15.2
코코아	23.9	5.6	18.3
드라이 토마토	21.7	6.4	15.3
무말랭이	21.3	5.2	16.1
강낭콩(건조)	19.6	3.3	16.2
콩가루(대두)	18.1	2.7	15.4
블루베리 (건조)	17.6	3	14.7
곶감	14	1.3	12.7
참깨 볶은 것(깨소금)	12.6	2.5	10.1
으깬 참깨	11.2	1.8	9.4
아몬드(볶은 것·무염)	11	1.1	10
무화과(말린 것)	10.7	3.4	7.3
팥(건조)	9.8	4.3	5.5
귀리 오트밀	9.4	3.2	6.2
납작보리(건조)	7.9	4.3	3.6
풋콩 (냉동)	7.3	1.4	5.9
건자두	7.1	3.4	3.8
바나나(건조)	7	2	5
유자 껍질(생)	6.9	3.3	3.6
실낫토	6.7	2.3	4.4
콩된장	6.5	2.2	4.3
드라이 망고	6.4	2.8	3.6
누에콩	5.9	1.4	4.5
모로헤이야 줄기 잎(생)	5.9	1.3	4.6
우엉(생)	5.7	2.3	3.4
호밀빵	5.6	2	3.6
아보카도(생)	5.6	1.7	3.9
방울양배추 결구엽(생)	5.5	1.4	4.1
밀크 코코아	5.5	1.3	4.2
무(생) 간 것	5.1	1.4	3.7
오크라 과실(생)	5	1.4	3.6

※ 출처 : 문부과학성/일본식품표준성분표 2020년판(개정)
※ 수치는 식품의 가용부 100g당 함유량

식이섬유가 비만과 신장 기능에 대한 고민을 단번에 해결해 준다

24 사야 할 기름과 사지 말아야 할 기름

식용유라고 해서 모두 같은 것이 아니다

비만한 사람이나 건강검진에서 의사로부터 콜레스테롤 수치가 높다고 지적받은 사람은 '기름'을 섭취하는 방법을 재검토해 보는 것이 좋다.

일반적으로 버터나 돼지기름, 유제품 등 동물성 유지는 체내에 쌓이기 쉽다. 동물성 유지에는 콜레스테롤을 늘리는 포화지방산이 많이 들어 있기 때문이다. 한편 식물의 열매나 씨앗으로 만드는 식물성 유지에는 콜레스테롤을 줄이는 작용을 하는 '불포화지방산'이 많이 들어 있다. 하지만 식물성도 유지이므로 지나치게 많이 섭취하면 비만의 원인으로 작용한다. 그중 리놀산 등과 같은 오메가6(n-6) 고도불포화지방산은 동맥경화증이나 심장질환의 발병 위험을 높이는 것으로 알려져 있다. 평소 홍화유나 옥수수유를 사용한다면 이번 기회에 기름을 바꾸거나 사용을 자제하는 편이 좋다.

다양한 종류의 유지 중에서도 신장이 불안한 사람들에게 추천할 만한 기름은 바로 α-리놀렌산을 풍부하게 함유한 아마인유와 참기름이다. 이 기름은 체내에서 만들 수 없는 필수지방산 중 하나인 오메가3(n-3) 고도불포화지방산으로, 혈중 콜레스테롤을 낮추는 작용을 한다. 고도불포화지방산은 65쪽의 식물유 외에도 고등어나 정어리와 같은 등푸른생선(의 기름)에 많이 들어 있다. 등푸른생선에는 혈액을 맑게 해 성인병 예방에도 효과가 있는 DHA, EPA도 풍부하게 함유되어 있다.

기름에 함유된 '지방산'에 주목하자

포화지방산	불포화지방산		
	단일불포화지방산	고도불포화지방산	
		n-6계(리놀산)	n-3계(α-리놀렌산)
돼지기름, 유제품 등 동물성 지방에 많이 함유돼 있다.	올리브유, 카놀라유에 많이 함유돼 있다.	홍화유나 옥수수유에 많이 함유돼 있다.	생선 기름, 아마인유, 들깨 기름 등에 많이 함유돼 있다.
체내에 쌓이기 쉬워 지나치게 많이 섭취하면 동맥경화 등의 위험이 높다.	잘 산화되지 않고 열에도 강하지만, 지나치게 많이 섭취하면 비만이 되기 쉽다.	필수지방산 중 하나이지만, 심장병이나 당뇨병 등 발병 위험이 있다.	부족하기 쉬운 필수 지방산으로, 혈중 콜레스테롤을 줄이는 효과도 있다.

● 주요 유지에 포함된 지방산(단위 : g)

식품명	포화지방산	단일불포화지방산	고도불포화지방산	
			n-3계	n-6계
아마인유	8.09	15.91	56.63	14.5
들기름	7.64	16.94	58.31	12.29
올리브유	13.29	74.04	0.6	6.64
참기름	15.04	37.59	0.31	40.88
쌀겨기름	18.8	39.8	1.15	32.11
홍화유	7.36	73.24	0.21	13.41
콩기름	14.87	22.12	6.1	49.67
샐러드유	10.97	41.1	6.81	34.13
옥수수유	13.04	27.96	0.76	50.82
유채씨유	7.06	60.09	7.52	18.59
팜유	47.08	36.7	0.19	8.97
해바라기 기름	8.74	79.9	0.23	6.57
포도씨유	10.93	17.8	0.45	63.1
면실유	21.06	17.44	0.34	53.51
야자유	83.96	6.59	0	1.53
우지	41.05	45.01	0.17	3.44
대구 기름	16.4	44.9	22.64	2.3
돼지기름	39.29	43.56	0.46	9.35
무발효 버터 유염 버터	50.45	17.97	0.28	1.86
마가린 가정용 유염	23.04	39.32	1.17	11.81
팻 스프레드	20.4	20.72	1.71	18.31
쇼트닝(가정용)	46.23	35.54	0.99	10.57

※ 출처: 문부과학성/일본식품표준성분표 2020년판(개정)
※ 수치는 식품의 가용부 100g당 함유량

알아 둘 기름과 섭취 말아야 할 기름

25 신장에 부담을 주는 외식 메뉴

늘 먹는 메뉴도 방심은 금물

평소 점심 식사는 외식을 하는 사람이 꽤 많을 것이다. 바빠서 세 끼 모두 외식이나 편의점 도시락으로 때우는 경우도 있을 것이다. 음식점 중에는 영양 균형이나 건강을 생각하는 곳도 많으므로 일률적으로 '외식＝나쁘다'라고는 할 수 없지만, 자극적이고 고열량 메뉴를 제공하는 곳도 많은 것이 사실이다.

67쪽에는 외식 인기 메뉴의 표준 영양 성분을 정리했다. 숫자만 봐서는 감이 잘 안 올 수도 있지만, 51쪽에서 계산한 하루 적정 에너지량에 적용해 보면 이 수치의 의미를 알 수 있다. 예를 들어 적정 에너지량이 1800kcal인 사람이 점심에 카레라이스를 먹으면 그것만으로도 하루에 섭취해야 할 에너지량의 약 절반을 섭취한 셈이 된다. 아침 식사는 가볍게 마쳤다고 해도 저녁 식사를 절제하지 않으면 열량을 초과하기 쉽다.

후생노동성이 제시하는 1일 염분 섭취량의 기준은 남성이 7.5g 미만이지만, 쇼유라멘(간장라면)을 국물까지 다 먹으면 6.7g이나 되기 때문에 이것도 염분이 초과되기는 마찬가지이다. 신장을 위해서는 외식을 줄이는 것이 가장 좋다. 하지만 어쩔 수 없이 먹어야 하는 경우라면 수프나 된장국은 되도록 먹지 않고 곱배기는 하지 않으며 염분이나 열량을 항상 의식하는 것이 좋다.

인기 메뉴 1끼당 영양 성분 기준

면류

	간장 라면	가케우동	카르보나라
에너지	470kcal	374kcal	779kcal
염분	6.7g	5.9g	4.0g
단백질	21.6g	16.3g	26.3g
포타슘	767.5mg	212.8mg	173.9mg
인	357.3mg	270.1mg	342.6mg
지질	8.64g	1.8g	39.5g
탄수화물	73.2g	72.6g	72.4g

식사류

	소고기덮밥	카레라이스	튀김 도시락
에너지	771kcal	859kcal	760kcal
염분	2.5g	4.0g	3.1g
단백질	18.0g	21.0g	24.2g
포타슘	330.2mg	777.5mg	513.6mg
인	213.9mg	273.3mg	286.3mg
지질	23.9g	26.5g	33.4g
탄수화물	112.7g	129.2g	84.4g

패스트푸드

	치즈버거	감자튀김(M)	콜라 (250ml)
에너지	474kcal	410kcal	115kcal
염분	2.2g	0.8g	0g
단백질	24.2g	3.92g	0.3g
포타슘	455.9mg	891mg	0mg
인	316.2mg	64.8mg	27.5mg
지질	23.0g	14.3g	0g
탄수화물	39.9g	43.7g	28.5g

신장에 부담을 주는 외식 메뉴

26 식이요법은 단계별로 달라야 한다

진행 상황에 맞는 식사를 하자

만성콩팥병 진단을 받으면 저하된 신장 기능의 중증도에 따라 G1부터 G5까지 6단계 단계(69쪽 표 참조)로 분류한다. 이 단계에 따라 필요한 식이요법의 내용이 상세하게 정해져 있는 것이다. 관리·제한이 필요한 것은 '에너지', '염분', '단백질', '포타슘', '인', '수분' 등 6개 항목이다. 기본적으로는 신장병 단계가 진행될수록 하루 섭취량을 엄격히 제한해야 하는데, 투석요법의 시작이 필요한 중증 G5가 되면 수분도 확실히 제한해야 한다.

만성콩팥병은 아니지만, 의사로부터 '위험군'이라고 경고받은 경우나 비교적 경증 단계 G1~G2(G3a를 포함하는 경우도 있음)라면 식이요법만으로도 신장 기능이 개선되는 경우가 많다. 경증인 경우에는 염분과 단백질만 제한하면 된다. 그러므로 섭취량만 조절할 수 있다면 가족들이 먹는 음식을 똑같이 해도 된다.

G3(G3b 이후로 하는 경우도 있음) 이후로 진단된 경우에는 안타깝게도 신장 기능을 회복시키기 어렵다. 그러므로 더 이상 악화되지 않도록 식이요법을 철저히 해야 한다. 지금까지 이상으로 엄격한 염분, 단백질 제한 외에 포타슘도 제한할 필요가 있다. 신장을 보살피고 지켜나가기 위해서라도 조기에 식이요법을 시작해 더 이상의 진행을 막는 것이 무엇보다 중요하다.

신장병 단계별 1일 섭취 목표와 수치 기준

	신장병의 단계					
	G1	G2	G3a	G3b	G4	G5
에너지	표준 체중×25~30kcal					
염분	남성 7.5g, 여성 6.5g 미만				3g 이상, 5g 미만으로 제한(※1)	
염분	3g 이상, 6g 미만으로 제한(※2)					
단백질	표준 체중×1.3g		표준 체중 × 0.8~1.0g으로 제한	표준 체중 × 0.6~0.8g으로 제한		
포타슘 (포타슘)			2000 mg 이하로 제한 (※3)	11500mg 이하로 제한(※3)		
인	2.5~4.5mg					제한량(※4)
수분						제한량(※5)

※1 붓기가 심한 경우, ※2 고혈압, 붓기가 있는 경우, ※3 고포타슘혈증이 있는 경우, ※4 고인산염혈증이 있는 경우
※5 투석요법 도입 후
※ 출처: 일본신장학회/ '만성콩팥병에 대한 식이요법 기준' 2014년판

식이요법도 단계별로 달라야 한다

27 신장을 생각해서 염분을 1일 6g 이하로 줄인다

일본인 대다수는 염분 과다

일본은 예로부터 풍부한 음식 문화를 가진 나라로, 일본인의 전통적인 식사인 '일식'은 국제연합교육과학문화기구(유네스코)에서 무형 문화 유산으로도 등재돼 있을 정도이다. 일식은 세계적으로도 건강한 이미지가 있기는 하지만, '염분'에 관해서는 반드시 그렇다고는 할 수 없다.

세계보건기구(WHO)가 권장하는 성인 염분 섭취량 기준은 하루 5g이다. 일본 후생노동성은 성인 남성의 1일 염분 섭취량을 7.5g으로 정하고 있지만, 2019년 조사에서 남성은 평균 10.9g, 여성은 9.3g으로, 남녀 모두 염분 섭취량 기준을 큰 폭으로 웃돌았다. 과거 10년분의 데이터를 거슬러 올라가 보면 근소하게나마 감소 경향을 보이고는 있지만, 그래도 세계적으로 볼 때는 염분 섭취량이 높은 편이다.

최근에는 염분을 고려한 양념과 식품이 늘어나는 한편, 평소 식사를 할 때도 염분을 걱정하는 사람이 증가하고 있다. 그런데도 염분 섭취량에 큰 변화가 없는 것은 자신도 모르는 사이에 염분을 섭취하는 사람이 많기 때문인지도 모른다. 71쪽의 '염분 체크 시트'에서는 평상시의 식사 경향은 물론 염분의 섭취 상황을 확인할 수 있다. 체크한 항목으로 총점을 내 보면 잘못된 식습관이나 저염 식사를 하는 데 필요한 점을 알 수 있을 것이다.

염분 체크 시트

	3점	2점	1점	0점
먹는 빈도 된장국, 국 등	1일 2그릇 이상	하루에 1그릇	1주일에 2~3번	별로 먹지 않는다
절임, 우메보시 등	1일 2번 이상	하루에 1번	1주일에 2~3번	별로 먹지 않는다
치쿠와, 가마보코 같은 반죽 제품		자주 먹는다	1주일에 2~3번	별로 먹지 않는다
바지락, 미림건조, 소금연어 등		자주 먹는다	1주일에 2~3번	별로 먹지 않는다
햄, 소시지 등		자주 먹는다	1주일에 2~3번	별로 먹지 않는다
우동, 라면 등의 면류	거의 매일	1주일에 2~3번	1번 이하	먹지 않는다
전병, 쌀 과자, 감자칩 등		자주 먹는다	1주일에 2~3번	별로 먹지 않는다
간장이나 소스를 뿌리는 빈도는?	거의 매끼마다	하루에 1번 정도	가끔	거의 사용하지 않는다
우동, 라면 등의 국물을 먹는 편인가요?	모두 먹는다	절반쯤 먹는다	조금 먹는다	거의 먹지 않는다
저녁 식사로 외식이나 반찬 등을 이용합니까?	거의 매일	1주일에 3번 정도	1주일에 1번 정도	사용하지 않는다
저녁 식사로 외식이나 반찬 등을 이용합니까?	거의 매일	1주일에 3번 정도	1주일에 1번 정도	사용하지 않는다
가정의 양념은 외식에 비해 어떻습니까?	싱겁다	같다		싱겁다
식사량은 많은 편인가요?	많은 편		보통	적은 편
○를 체크한 개수	개	개	개	개
소계	점	점	점	0점
합계				점

합계점	평가
0~8	소금은 별로 섭취하지 않는 편이다. 계속 저염을 실천하자.
9~3	식염 섭취량은 평균적이다. 소금을 줄이기 위해 좀 더 노력하자.
14~19	식염 섭취량이 좀 많은 편이다. 식생활 속에서 소금을 줄일 수 있는 방안이 필요하다.
20 이상	식염 섭취량이 매우 많은 편이다. 기본적인 식생활을 재검토해야 할 필요가 있다.

※출처: 세이테츠 야하타기념병원, '당신의 염분 체크 시트'

신경을 생각해서 염분을 1일 6g 이하로 줄인다

28 의외로 잘 모르는 양념의 염분량

진한 양념을 좋아하는 사람은 주의!

저염식 식사를 하는 데 중요한 것은 '식염' 섭취량뿐만이 아니다. 맛이 진하다(소금기가 강하다)고 느끼는 식품 전반이 그 대상이다. 그중에서도 특히 주의해야 할 것은 평소 무심코 사용하기 쉬운 양념(조미료)이다. 된장이나 간장은 맛이 진해 양이 많으면 짜지기 때문에 의식적으로 양을 조절하지만, 그다지 짠맛을 느낄 수 없는 케첩이나 마요네즈, 겨자소스 등에도 염분이 들어 있으므로 의식적으로 양을 조절하기 어렵다.

73쪽은 주요 양념(조미료)에 포함된 염분량이다. 수치만 보면 염분량이 적은 듯하지만, 어디까지나 작은술 1스푼분에 포함된 염분량이다. 예를 들어, 육수가 든 된장으로 된장국 1스푼(1큰술 상당)을 만들면 염분량은 2.1g인데, 이것만으로도 하루 염분 섭취 기준의 약 20%에 해당한다. 이 밖에 메인 요리에 소금이나 간장을 사용하거나 샐러드에 드레싱을 뿌리면 자신도 모르는 사이에 염분을 과다 섭취할 수 있다.

숨은 염분을 조금이라도 줄이고 싶다면 양념은 되도록 염분이 적은 것을 선택하고 **조리 시 눈대중이 아니라 계량스푼을 사용하여 정확한 양을 재도록 하자.** 또한 간장이나 소스 같은 양념을 식탁에 내 놓을 경우에는 일정량이 나오는 용기에 채워 넣어야 자신도 모르게 많이 사용하는 것을 막을 수 있다.

흔히 먹는 양념의 염분량

● 작은 1컵(6g 환산)당 염분량

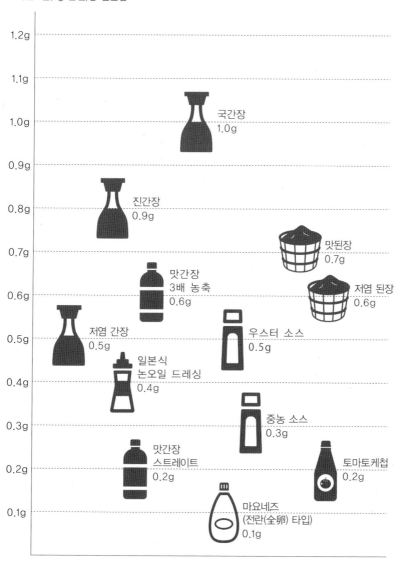

의외로 잘 모르는 양념의 염분량

※ 출처 : 문부과학성/일본식품표준성분표 2020년판(개정) 외

29 무심코 섭취하는 '숨어 있는 염분'에 주의하라

자주 먹는 식품의 염분에도 주목하자

앞에서는 양념에 포함된 염분을 소개했는데, 우리가 평소에 자주 먹는 신선 식품이나 가공품 등에도 염분이 숨어 있으며, 자신도 모르게 먹게 된다.

75쪽은 친숙한 식품 중에서도 염분 함량이 높은 것을 추린 목록이다. 수치는 먹을 수 있는 부분 100g에 포함된 염분량이므로 식품에 따라서는 한 번에 그 정도의 양을 먹지 않는 것(절임, 버터 등)도 있지만, 모두 일본인이 즐겨 먹는 친숙한 식품이다. 이들 식품에 포함된 염분량을 보면 우리 식탁에 얼마나 많은 '숨어 있는 염분'이 도사리고 있는지 알 수 있다.

이 중 특히 주의해야 할 것이 주식이나 반찬으로 식탁에 오르는 빈도가 높은 육류와 어류이다. 식품 자체에 염분이 포함되어 있는데, 조리 후 추가로 간장 등을 뿌리는 사람도 많아 염분 과다를 초래하는 큰 원인 중 하나라고 할 수 있다. 이 밖에도 생선을 사용한 어묵, 우동이나 소면 같은 건면, 재료를 볶아 무치는 레토르트 양념 등에도 염분이 높은 것이 많아 주의해야 한다. 이러한 식품은 먹어도 하루에 한 식품 정도만 먹고 구입 시에는 영양 성분 표시에서 '식염 상당량(53쪽 참조)'을 비교해 보다 염분이 적은 것을 선택하면 '숨어 있는 염분'을 줄일 수 있다.

'숨어 있는 염분'에 주의해야 할 주요 식품(단위: g)

종류	식품명	염분	종류	식품명	염분
육류	콘비프(캔 포장)	1.8	곡류	크루아상	1.4
	쇠고기 육포	4.8		난(인도의 넓적하게 구운 빵)	1.3
	뼈를 발라 내고 가공한 햄	2.8		우동(건면)	4.3
	로스 햄	2.3		국수(건면)	5.8
	생햄 장기 숙성	5.6		메밀국수(건면)	2.2
	숄더 베이컨	2.4		콘프레이크 시리얼	2.1
	비엔나소시지	1.9	야채 가공품	순무 장아찌(뿌리·껍질 없음)	6.9
	구운 돼지고기	2.4		오이장아찌	5.3
	닭가슴살 튀김(껍질 포함)	2.5		자차이 절임	13.7
	닭꼬치(야키토리)	2.2		생강 절임	2
	닭꼬치(통조림)	1.6		무장아찌	3.8
	치킨너겟	1.8		꼬들 단무지(말린 무절임)	2.5
어류	전갱이 말린 것(생)	1.7		가지절임	2.5
	눈퉁멸(통건조)	5.8		절임배추	2.1
	정어리(통건조)	3.8		배추김치	2.9
	가마아게시라스(멸치·청어·은어 치어를 소금물에 데친 것)	2.1		염교 초절임	1.9
				매실소금절임	18.2
	정어리 말린 것	1.7	수산 가공품	게맛 가마보코	2.2
	자반고등어	1.8		찐 어묵	2.5
	고등어 말린 것	1.7		치쿠와(구운 어묵)	2.1
	꽁치구이	3.6		한펜(삶은 어묵)	1.5
	명란젓	1.5		사츠마아게(튀긴 어묵)	1.9
	가라시멘타이코(매운 명란젓)	4.6		어육 소시지(생선 소시지)	2.1
	겨자명란	5.6		파래 (말린 것)	9.9
	소금에 절인 대구	2		아오노리(파래김) 말린 것	8.1
	임연수어 말린 것	1.8		잘게 썬 다시마	10.9
	바지락(생)	2.2		염장 다시마	18
	바지락 츠쿠다니(조림)	7.4		마른 미역	16.8
	전복 말린 것	7.4		자른 미역	23.5
	대합(생)	2	유제품	카망베르치즈	2
	대합 조림	7.1		고다치즈	2
	벚꽃새우(데친 것)	2.1		체다치즈	2
	벚꽃새우(그늘에서 말린 것)	3		파르메산 치즈	3.8
	말린 생우	3.8		프로세스 치즈	2.8
	대게 삶은 것(통조림)	1.7	기타	아라레(화과자의 일종)	1.7
	무당게 삶은 것(통조림)	1.5		간장 센베이	1.3
	오징어채(가공품)	2.3		유염 버터(무 발효)	1.9
	오징어 진미채	6.9		유염 마가린(가정용)	1.3
	염장 오징어	6.9		다시마 차	51.3
곡류	오코노미야키 가루	3.7			
	전분가루	9.7			
	바게트빵	1.6			

※ 출처 : 문부과학성/일본식품표준성분표 2020년판(개정)
※ 수치는 식품 100g당 함유량

무심코 섭취하는 '숨은 염분'에 주의하라

30 모든 요리가 맛있어지는 마법의 '맛국물' 만드는 법

고혈압 대책의 아군 '맛국물'

염분은 매우 많은 식품에 숨어 있는데, 시판되고 있는 '육수'도 예외는 아니다. 육수는 가츠오부시나 다시마 등 소재의 성분과 풍미만을 추출한 것이라고 생각하기 쉽지만, 실제로는 작은술 1컵당 1g 전후의 염분이 포함되어 있다. 콩소메나 중화 수프의 원료도 이와 마찬가지이다. **본격적으로 저염을 목표로 한다면 '육수'는 집에서 '야채 육수'로 만들어 쓰는 것이 좋다.**

여기서 야채 육수는 식물계 소재로만 만든 천연 육수를 말한다. 간장이나 소금을 첨가하지 않고 소재가 가진 풍미만 추출하므로 만성 콩팥병이 있는 사람들도 염분이나 포타슘에 신경 쓰지 않고 안심하고 먹을 수 있다. 77쪽에 소개한 레시피는 건표고버섯, 다시마, 볶은 콩, 박고지(간표우) 등 4종류의 재료를 사용하기 때문에 깊은 맛이 나는 것이 특징이다. 싱거운 듯한 양념으로도 전혀 신경이 쓰이지 않을 정도로 향미가 풍부하므로 조림이나 국물 등에 쓰는 기본 육수로 준비해 두면 편리하다. **다시마 대신 콩과 박고지(간표우)를 많이 넣으면 염분을 더 줄일 수도 있다.**

이렇게 향미를 더함으로써 염분을 줄이는 방법은 주 요리나 반찬에도 응용할 수 있다. 예를 들어 푸른 차조기 잎이나 파와 같은 향미 채소를 곁들여 간장이나 소스를 반으로 줄일 수도 있고 레몬즙이나 고추로 싱거운 맛의 아쉬움을 보충할 수도 있다.

'맛국물'을 만들어 보자

야채와 버섯으로 만드는 육수는 고혈압 대책의 강한 아군이다. 풍미가 좋아 싱거워도 전혀 신경이 쓰이지 않는 데다 포타슘도 적게 들어 있어 먹는 음식을 제한해야 하는 만성콩팥병 환자도 안심하고 먹을 수 있다.

● 재료 (일례)
대두(건조) … 30g
건표고버섯 … 1개
다시마(말린 것) … 10×5cm
박고지(간표우) 말린 것 … 15cm
물 … 2ℓ

건표고버섯　　붉은 콩　　다시마

● 만드는 법
① 프라이팬에 콩을 넣고 물기가 없어질 때까지 살짝 볶는다.
② 모든 재료를 냄비에 넣고 하룻밤 둔다.
③ ②의 냄비를 센 불에 올린 후 끓으면 불을 약하게 줄이고 거품을 걷어 내면서 5분 더 끓인다.
④ 식으면 거름망으로 걸러 육수를 완성한다.

향미 채소, 향신료의 조합

사용하기 쉬운 익숙한 재료 대신 생강, 차조기 잎 등과 같은 향미 채소나 후추, 고추, 카레가루와 같은 향신료를 더해 풍미를 내면 싱거운 맛의 아쉬움을 보충할 수 있다. 다양한 조합을 시도해 보자.

후추

레몬

파

차조기 잎

고추

31 단백질 조절로 신장의 부담을 줄여라

적절한 단백질의 양을 알아두자

단백질은 살아가는 데 빼놓을 수 없는 3대 영양소 중 하나이지만, 에너지로 바뀌는 과정에서 요소나 크레아티닌과 같은 노폐물을 만들어 낸다. 신장은 이 노폐물들을 걸러 몸 밖으로 배출하는 역할을 한다. 요컨대 신장병 환자가 단백질을 너무 많이 섭취하면 신장에 큰 부담을 주게 되고, 그 결과 신장 기능이 저하되면 신장의 부담이 더 늘어나 노폐물을 처리하기 어려워진다.

일본신장학회의 '만성콩팥병에 대한 식이요법 기준 2014'에는 신장병의 단계에 따라 단백질 섭취 기준량이 다르다. 신장병의 단계가 G1~G2의 경우에는 표준 체중 1kg당 1.3g 미만, G3a의 경우는 0.8~1.0g, G3b 이후는 0.6~0.8g※이다. 79쪽에 있는 주요 식품의 단백질 양을 살펴 보면 하루 섭취 목표 이하로 제한하기는 의외로 어렵다는 것을 알 수 있다. 밥 한 공기에는 단백질이 3.8g이 들어 있는데, 매일 세 끼, 더욱이 반찬과 함께 먹기 때문에 밥도 가볍게 볼 수 없다. 이미 신장병이 진행된 사람이라면 더욱 그렇다.

평소 즐겨 먹는 식품에 무엇이 얼마나 들어 있는지 아는 것이 신장병 대책의 첫걸음이다. 먹는 음식이 신경 쓰인다면 며칠 분의 식사 양을 기록하여 단백질의 양을 확인해 보자.

※ 합병증이 있는 사람의 단백질 섭취 목표량은 신장병의 단계가 G1~G2라면 표준 체중 1kg당 1.5g, G3a 라면 1.0g, G3b 이후라면 0.8g이다.

평소에 즐겨 먹는 음식의 단백질 양은?

밥
(1공기 150g)
3.8g

식빵
(6장 자른 것 중 1장)
5.3g

메밀국수
(1인분 120g)
5.8g

우동
(1인분 180g)
4.7g

달걀
(1개 60g)
7.3g

우유
(200ml)
6.6g

소 다리살(생)
(비계 붙은 것 100g)
19.2g

돼지 허벅지살(생)
(비계 붙은 것 100g)
19.5g

닭다리살(생)
(껍질 포함 100g)
16.6g

전갱이 말린 것
(1마리 80g)
16.2g

홍연어 토막
(1조각 80g)
18.0g

생꽁치
(1마리 140g)
25.3g

※ 출처: 문부과학성/일본식품표준성분표 2020년판(개정)

단백질 함량이 높다면 양으로 조절한다
단백질 함량이 높은 식재료는 먹는 양을 조절한다. 84쪽의 '주요 식품의 표준 성분 일람표'도 도움이 될 것이다.

단백질 조절로 신장의 부담을 줄여라

32 메뉴의 폭을 넓히는 '단백질 조절 식품'

식사를 풍부하고 즐겁게 해 주는 대체 식품

앞에서는 평소에 자주 먹는 식품에 단백질이 얼마나 들어 있는지를 소개했다. 신장병 환자가 단백질 섭취량을 줄인다면 고단백인 고기나 생선, 콩 등을 줄이게 되는데, 그러면 필요한 영양성분이나 에너지를 확보할 수 없다. 먹고 싶은 것을 먹지 못하는 것은 큰 스트레스가 되기도 한다. 그런 문제를 해결해 줄 아이디어로 최근 주목받고 있는 것이 '단백질 조절 식품'이다.

단백질 조절 식품은 식품에 함유된 단백질의 양을 조절한 치료용 특수 식품을 말한다. 일반적인 식품에 비해 단백질 함량이 매우 적은데다 평소 즐겨 먹는 밥이나 빵, 면류 등 다양한 종류가 있어 식사의 자유도가 크게 넓어진다.

예를 들어 아침, 점심, 저녁에 밥을 한 공기씩 먹는 것 자체로 단백질 섭취량은 11g을 훌쩍 넘기게 된다. 하지만 단백질 조절 쌀을 사용한 밥이라면 세 끼를 합쳐도 단백질 양이 0.5g도 되지 않는다. 식사의 질을 떨어뜨리지 않고 단백질만 크게 줄일 수 있는 것이다. **하지만 단백질 조절 식품을 식사에 도입할 경우에는 신장 전문의나 관리 영양사의 지도가 필요하다.** 궁금하다면 한번 상담해 보는 것이 좋을 듯하다.

단백질 조절 식품으로 식사를 풍성하게

〈밥(150g)을 단백질 조절 쌀로 바꾸면〉

| 밥(정백미) | 단백질 조절 쌀 |

세 끼 밥을
먹어도 0.5g

단백질
3.8g

단백질
0.2g 이하

장점 1

밥의 양을 줄이지 않고 단백질을 줄일 수 있다

단백질 조절 쌀은 일반 쌀에서 단백질만 제거한 것이므로 단백질 이외의 영양소는 제대로 섭취할 수 있다.

장점 2

밥을 줄인 만큼 반찬을 호화롭게

주식에서 단백질 양을 줄였으므로 반찬은 평상시대로 먹을 수 있다. 섭취량을 지키면서도 질 좋은 단백질을 보충할 수 있어 좋다.

장점 3

질과 양을 떨어뜨리지 않고 식사를 즐길 수 있다

맛과 양뿐만 아니라 보기에도 여느 식사와 거의 다름없어 먹는 즐거움을 되찾을 수 있다.

밥 이외의 단백질 조절 식품

밥 이외에도 식빵과 우동, 메밀국수, 먹기 좋게 자른 떡 등 단백질 조절 식품이 시판되고 있다. 냉동식품의 단백질 조절 도시락은 영양 균형도 잡혀 있으므로 처음 시작하는 분들에게 추천한다.

떡

메밀국수·우동

빵

33 칼륨(포타슘)이 함유된 식품은 신장병의 단계에 맞춰 조절하라

포타슘을 과다 섭취하지 않는 요리법을 연구한다

포타슘은 인체에 필수적인 미네랄의 일종이다. 여분의 염분 배출을 도와 혈압을 조절하고 세포의 삼투압 유지나 신경 전달 기능을 하는 등 다양한 역할로 체내 환경의 정상화에 공헌한다.

포타슘은 이렇게 다양한 역할을 하지만, 만성콩팥병으로 인해 신장 기능이 떨어지면 불필요한 포타슘을 원활하게 배출하지 못하기 때문에 혈액 속 포타슘 농도가 상승하는 고포타슘혈증을 초래할 수 있다. 고포타슘혈증이 발병하면 메스꺼움이나 손발 저림, 부정맥 등의 증상이 나타나고 위중한 경우 심부전을 일으킬 수 있으므로 방심은 금물이다. 특히, 만성콩팥병 중 단계 G3b 이후로 진단된 사람들은 식사 때마다 포타슘을 과다 섭취하지 않도록 제한해야 한다.

포타슘이 풍부한 식재료로는 시금치와 호박 등 채소류 외에 과일, 뿌리채소류도 들 수 있다. 포타슘과 단백질은 상관관계에 있어 고기나 생선에도 고포타슘 식재료가 의외로 많으므로 섭취량에 주의할 필요가 있다. 포타슘을 효과적으로 줄이는 방법으로는 83쪽에 나와 있듯이 '물에 담그거나 데치기'를 추천한다. 이렇게 하면 포타슘을 40% 이상 줄일 수 있다. 미리 한입 크기로 잘라 큰 단면을 만들면 포타슘이 쉽게 빠져나갈 수 있어 더욱 효과적이다.

포타슘과 신장의 관계

정상 신장

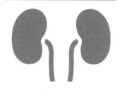

포타슘 배출

혈압 안정

체내 환경을 정돈하는 역할을 하는 포타슘의 잉여분은 신장을 통해 몸 밖으로 배출된다.

기능이 저하된 신장

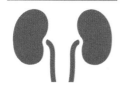

포타슘 배출 기능 저하

↓

고포타슘혈증

여분의 포타슘을 배출하지 못하면 혈중 포타슘 농도가 상승하여 부정맥을 초래하는 고포타슘혈증이 된다.

조리 방법으로도 포타슘을 줄일 수 있다

① 물에 담가 둔다

생채소와 슬라이스한 양파 등은 5분 정도 물에 담가 두면 포타슘을 크게 줄일 수 있다.

② 물기를 짠다

삶거나 물에 담가 둔 채소는 물기를 꼭 짜야 포타슘이 더욱 줄어든다.

③ 데친다

데치면 포타슘이 줄어드는 채소도 있다. 시금치나 소송채, 브로콜리 등은 데쳐 먹는 것이 좋다.

34 주요 식품의 표준 성분 일람표

다음은 일상에서 자주 먹는 식품의 영양 성분 목록이다. 소수점 1자릿수 이하의 숫자는 반올림했다.

【생선】

식품명	염분(g)	단백질(g)	포타슘(mg)	인(mg)	지질(g)	탄수화물(g)	열량(kcal)
고등어(토막살 80g)	0.2	16.5	264	176	13.4	0.2	198
대구(토막살 120g)	0.3	17.6	350	230	0.2	0.1	77
연어(회초밥 120g)	0.2	26.8	420	288	4.9	0.1	160
소금연어 단맛(토막 100g)	2.8	17.9	256	216	8.9	0.1	159
전갱이(1마리 160g/순살 72g)	0.2	14.2	259	166	3.2	0.1	91
벤자리(1마리 260g/순살 143g)	0.6	24.6	429	315	8.2	0.1	182
정어리(1마리 120g/순살 48g)	0.1	9.2	130	110	4.4	0.1	81
가자미(1마리 200g/순살 100g)	0.3	19.6	330	200	1.3	0.1	95
꽁치(1마리150g/정어리 98g)	0.3	17.2	186	167	23.1	0.1	291
열빙어(시샤모) 말린 것(1마리 15g)	0.2	2.3	30	54	1.7	0.1	27
전갱이 생으로 말린 것(1장 130g/순살 85g)	1.4	17.2	264	187	7.5	0.1	143
자반 고등어(반토막 140g)	2.6	36.7	420	280	26.7	0.1	407
전갱이회(60g)	0.2	11.8	216	138	2.7	0.1	76
단새우회(5마리 25g/순살 23g)	0.2	4.6	71	55	0.1	–	20
오징어회(40g)	0.2	7.2	120	100	0.3	–	33
잿방어회(60g)	0.1	12.6	294	162	2.5	0.1	77
양식 도미회(40g)	0	8.5	196	104	2.4	0.1	58
방어회(60g)	0.1	12.4	204	126	10.3	0.2	151
가리비 관자회(45g)	0.1	7.6	171	104	0.1	1.6	40
참치회(살코기 60g)	0.1	15.8	228	162	0.8	0.1	75
참치회(지방이 많은 살 60g)	0.1	12.1	138	108	16.5	0.1	206
흰다리새우(1마리(머리 제외) 15g/순살 12g)	–	2.4	32	26	0.1	0.1	11

식품명	염분(g)	단백질(g)	포타슘(mg)	인(mg)	지질(g)	탄수화물(g)	열량(kcal)
오징어(1마리 200g/순살 140g)	0.7	25.1	420	350	1.1	0.1	116
데친 문어(120g)	0.7	26	288	144	0.8	0.1	119
참치캔(40g)	0.3	7.1	92	64	8.7	–	107
고등어 통조림(50g)	0.4	10.5	130	95	5.4	0.1	95
마른 멸치(10g)	0.4	2.3	21	47	0.2	–	11
뱅어포(10g)	0.7	4.1	49	86	0.4	0.1	21
연어알(1큰술 18g)	0.4	5.9	38	95	2.8	–	49
대구알(50g)	2.3	12	150	195	2.4	0.2	70
명란젓(60g)	3.4	12.6	108	174	2	1.8	76

【고기】 ※ 육류는 특별히 언급이 없는 한 비계가 붙은 상태

식품명	염분(g)	단백질(g)	포타슘(mg)	인(mg)	지질(g)	탄수화물(g)	열량(kcal)
소고기 등심 얇게 썬 것(60g)	0.1	9.7	156	84	15.8	0.1	191
소고기 설로인 스테이크용(150g)	0.2	24.8	405	225	41.9	0.6	501
소갈비(10g)	–	1.3	19	11	3.9	–	43
소고기 우둔살 스테이크용(130g)	0.2	26.7	442	247	12.9	0.5	234
삼겹살 얇게 썬 것(20g)	–	2.9	48	26	7.1	–	79
돼지고기 등심 얇게 썬 것(30g)	–	5.8	93	54	5.8	0.1	79
돼지 등심 두껍게 썬 것(150g)	0.2	29	465	270	28.8	0.3	395
돼지목살(25g)	–	4.3	75	40	4.8	–	63
닭 윙(1개 50g/순살 35g)	0.1	6.4	81	53	4.5	0	79
닭가슴살(껍질 포함, 1장 230g)	0.2	49	782	460	13.6	0.2	334
닭다리(껍질 포함, 1장 210g)	0.3	34.9	609	357	29.8	0	428
닭다리살(연한 부위) (1개 45g)	–	10.4	189	99	0.4	0	47
혼합육 돼지 70% 소 30%(50g)	0.1	8.8	141	57	9.2	0.1	123
소고기 다진 것(50g)	0.1	8.6	130	50	10.6	0.2	136
돼지고기 다진 것(50g)	0.1	8.9	145	60	8.6	0.1	118
닭다리 다진 것(50g)	0.1	8.3	145	85	7.1	0	102

주요 식품의 표준 성분 일람표

베이컨 얇게 썬 것(1장 18g)	0.4	2.3	38	41	7	0.1	73
로스햄(1장 10g)	0.3	1.7	26	34	1.4	0.1	20
비엔나 소시지(1개 25g)	0.5	3.3	45	48	7.1	0.8	80

【달걀】

식품명	염분(g)	단백질(g)	포타슘(mg)	인(mg)	지질(g)	탄수화물(g)	열량(kcal)
달걀 L 사이즈(1개 67g / 순 58g)	0.2	7.1	75	104	6	0.2	88
달걀 M 사이즈(1개 61g / 순 53g)	0.2	6.5	69	95	5.5	0.2	80
달걀 M 사이즈 노른자(1개분 16.4g)	–	2.7	14	93	5.5	–	63
달걀 M 사이즈 흰자(1개분 36.6g)	0.2	3.8	51	4	0	0.1	17

【녹황색 채소】

식품명	염분(g)	단백질(g)	포타슘(mg)	인(mg)	지질(g)	탄수화물(g)	열량(kcal)
그린 아스파라거스(1개 20g / 순량 15g)	0	0.4	41	9	–	0.6	3
소송채(1포기 40g / 순량 35g)	–	0.5	175	16	0.1	0.8	5
브로콜리(75g / 순량 64g)		2.8	230	57	0.3	3.3	21
시금치(1포기 20g / 순량 18g)	0	0.4	124	8	0.1	0.6	4
경수채(55g / 순량 47g)	–	1	266	30		2.3	11
단호박(150g / 순량 135g)	0	2.6	608	58	0.4	27.8	123
방울토마토(1개 10g)	0	0.1	29	3	–	0.7	3
당근(75g / 순량 72g)	0.1	0.5	216	19	0.1	6.7	28
피망(1개 35g / 순량 30g)	0	0.3	57	7	0.1	1.5	7

【담색 채소】

식품명	염분(g)	단백질(g)	포타슘(mg)	인(mg)	지질(g)	탄수화물(g)	열량(kcal)
양배추(1장 60g / 순량 50g)	0	0.7	100	14	0.1	2.6	12
오이(1개 100g)	0	1	200	36	0.1	3	14
우엉(1개 180g / 순량 160g)	0.1	2.9	512	99	0.2	24.6	104
무(200g / 순량 180g)	0.1	0.7	414	31	0.2	7.4	32
콩나물(200g / 순량 190g)	–	7	304	97	2.9	4.4	70

신장 기능을 높이는 최강의 식사법

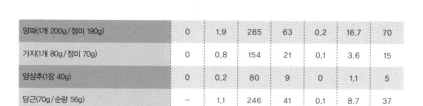

식품명	염분(g)	단백질(g)	포타슘(mg)	인(mg)	지질(g)	탄수화물(g)	열량(kcal)
양파(1개 200g/정미 190g)	0	1.9	285	63	0.2	16.7	70
가지(1개 80g/정미 70g)	0	0.8	154	21	0.1	3.6	15
양상추(1장 40g)	0	0.2	80	9	0	1.1	5
당근(70g/순량 56g)	-	1.1	246	41	0.1	8.7	37

【버섯류】

식품명	염분(g)	단백질(g)	포타슘(mg)	인(mg)	지질(g)	탄수화물(g)	열량(kcal)
팽이버섯(100g/순량 85g)	0	2.3	289	94	0.2	6.5	19
새송이버섯(1개 40g/순량 38g)	0	1.1	129	34	0.2	2.3	7
생표고버섯(1개 19g/순량 15g)	0	0.5	42	13	-	0.9	3
느티만가닥버섯(100g/정미 90g	0	2.4	342	90	0.5	4.5	16
잎새버섯(100g/정미 90g)	0	1.8	207	49	0.5	4	14

【해조류】

식품명	염분(g)	단백질(g)	포타슘(mg)	인(mg)	지질(g)	탄수화물(g)	열량(kcal)
건조다시마(10cm 각 10g)	0.7	0.8	610	20	0.1	6.2	15
자른 미역(2g)	0.5	0.4	9	6	0.1	0.8	3
파래(1작은술 2g)	0.2	0.6	50	8	0.1	0.8	3
양념 김(5장 3.5g)	0.2	1.4	95	25	0.1	1.5	13
구이김(1장 3g)	-	1.2	72	21	0.1	1.3	6
조미 큰실말(80g)	0.5	0.3	12	7	0.1	4.5	20

【뿌리채소류】

식품명	염분(g)	단백질(g)	포타슘(mg)	인(mg)	지질(g)	탄수화물(g)	열량(kcal)
고구마(1개 200g/정미 180g)	0.1	2.2	864	85	0.4	57.4	241
토란(1개 50g/정미 45g)	0	0.7	288	25	-	5.9	26
감자 남작(1개 150g/정미 135g)	0	2.2	554	54	0.1	23.8	103
감자 메이퀸(1개 120g/정미 108g)	0	1.7	443	43	0.1	19	82
참마(250g/정미 225g)	-	5	968	61	0.7	31.3	146
고구마(160g/정미 14g)	-	6.5	850	94	0.7	32.5	156

【과일】

식품명	염분(g)	단백질(g)	포타슘(mg)	인(mg)	지질(g)	탄수화물(g)	열량(kcal)
딸기(1개 15g)	0	0.1	26	5	0	1.3	5
귤(1개 100g / 정미 80g)	0	0.6	120	12	0.1	9.6	37
자몽(1개 300g / 정미 210g)	0	1.9	294	36	0.2	20.2	80
오렌지(1개 200g / 정미 120g)	0	1.2	168	29	0.1	11.8	47
복숭아(1개 250g / 정미 215g)	0	1.3	387	39	0.2	21.9	86
바나나(1개 200g / 정미 120g)	0	1.3	432	32	0.2	27	103
감(1개 200g / 정미 180g)	0	0.7	306	25	0.4	28.6	108
사과(1개 250g / 정미 210g)	0	0.2	252	25	0.4	32.6	120
거봉(100g / 정미 80g)	0	0.3	104	12	0.1	12.6	47
배(1개 300g / 정미 255g)	0	0.8	357	28	0.3	28.8	110
키위(녹색 (1개 80g / 정미 70g)	0	0.7	203	22	0.1	9.5	37
수박(400g / 정미 240g)	0	1.4	288	19	0.2	22.8	89
파인애플(100g)	0	0.6	150	9	0.1	13.4	51

【밥】

식품명	염분(g)	단백질(g)	포타슘(mg)	인(mg)	지질(g)	탄수화물(g)	열량(kcal)
현미밥(1550g)	0	4.2	143	195	1.5	53.4	248
쌀밥(1550g)	0	3.8	44	51	0.5	55.7	252
팥밥(1550g)	0	6.5	107	51	0.9	62.9	285
잡곡밥 20%(150g)	0	5.1	103	85	0.9	54	253
떡(1개 50g)	0	2	16	11	0.3	25.4	117

【빵】

식품명	염분(g)	단백질(g)	포타슘(mg)	인(mg)	지질(g)	탄수화물(g)	열량(kcal)
식빵 6장(1장 60g)	0.8	5.6	58	50	2.6	28	158
바게트 빵(1조각 50g)	0.8	4.7	55	36	0.7	28.8	140
롤빵(1개 30g)	0.4	3	33	29	2.7	14.6	95

	염분(g)	단백질(g)	포타슘(mg)	인(mg)	지질(g)	탄수화물(g)	열량(kcal)
크루아상(1개 40g)	0.5	3.2	36	27	10.7	17.6	179
단팥빵(1개 80g)	0.6	6.3	62	59	4.2	40.2	224
카레빵(1개 15g)	1.3	6.9	137	96	19.2	33.9	337
크림빵(1개 11g)	1	11.3	132	132	12	45.5	336

【면류】

식품명	염분(g)	단백질(g)	포타슘(mg)	인(mg)	지질(g)	탄수화물(g)	열량(kcal)
생우동 삶은 것(240g)	0.7	6.2	22	43	1	51.8	252
생소바 삶은 것(230g)	–	11	78	184	2.3	59.8	304
소면 건면 삶은 것(135g)	0.3	4.7	7	32	0.5	34.8	171
스파게티 건면 삶은 것(240g)	2.8	13	34	125	2.2	76.8	396

【콩 식품】

식품명	염분(g)	단백질(g)	포타슘(mg)	인(mg)	지질(g)	탄수화물(g)	열량(kcal)
낫토(50g)	0	8.3	330	95	5	6.1	100
연두부(100g)	–	4.9	150	81	3	2	56
목면 두부(100g)	0.1	6.6	140	110	4.2	1.6	72
간모도키(두부 가공 제품)(1개 100g)	0.5	15.3	80	200	17.8	1.6	228
유부(1장 20g)	0	4.7	17	70	6.9	0.1	82

【양념(조미료)】

식품명	염분(g)	단백질(g)	포타슘(mg)	인(mg)	지질(g)	탄수화물(g)	열량(kcal)
소금(1작은술 6g)	6	0	5	0	0	0	0
굵은 소금(1작은술 5g)	5	0	10	0	0	0	0
국간장(1작은술 6g)	1	0.3	19	8	0	0.5	3
진간장(1작은술 6g)	0.9	0.5	23	10	0	0.6	4
쌀된장 신슈 된장(작은술 1공기 6g)	0.7	0.8	23	10	0.4	1.3	12
쌀된장 센다이 된장(작은술 1공기 6g)	0.8	0.8	26	12	0.3	1.3	11
된장국(1작은술 6g)	0.9	0.8	22	11	0.3	1.3	12
우스터 소스(1작은술 6g)	0.5	0.1	11	1	0	1.6	7

식품명							
중농 소스(1작은술 7g)	0.4	0.1	15	1	0	2.2	9
오코노미 소스(1작은술 7g)	0.4	0.1	19	2	0	2.4	10
토마토케첩(1작은술 6g)	0.2	0.1	28	2	0	1.6	7
마요네즈 전란 타입(1큰술 12g)	0.2	0.2	2	4	9	0.5	84
마요네즈 열량 하프(1큰술 15g)	0.6	0.4	5	5	4.2	0.5	42
사우전드 아일랜드 드레싱(1큰술 15g)	0.5	0.2	11	5	6.2	1.4	62
중화풍 드레싱(1큰술 15g)	0.8	0.4	–	–	3	1.8	36
시저드레싱(1큰술 15g)	0.4	0.4	–	–	7.3	0.7	70
논오일 드레싱 일본식 참깨(1큰술 15g)	1.1	0.5	20	8	0	2.4	12
폰즈소스(폰즈 간장) (1스푼 18g)	1.1	0.6	50	13	0	1.5	8
맛간장 3배 농축 (1큰술 21g)	2.1	0.9	46	18	0	4.2	21
불고기 양념 중간 매운맛(1큰술 18g)	1.5	0.8	40	16	0.4	6	30
카레 루(20g)	2.1	1.3	64	22	6.8	8.9	102
과립 가쓰오부시(1g)	0.4	0.3	2	3	0	0.3	2
과립 다시마 육수(1g)	0.4	0.2	40	1	0	0.4	2
고형 부용 서양식(1개 5.3g)	2.3	0.4	11	4	0.2	2.2	12
과립 부용 중화풍(1작은술 3g)	1.4	0.4	27	7	0	1.1	6
과립 닭 뼈 국물(2.5g)	1.2	0.4	–	–	0.1	0.7	5
과립 닭 뼈 국물(2.5g)	1.2	0.4	–	–	0.1	0.7	5

【음료】

식품명	염분(g)	단백질(g)	포타슘(mg))	인(mg)	지질(g)	탄수화물(g)	열량(kcal)
우유(200ml)	0.2	6.9	315	195	8	10.1	141
저지방 우유(200ml)	0.3	8	399	189	2.1	11.6	97
조정 두유(200ml)	0.3	6.7	357	92	7.6	10.1	134
무조정 두유(200ml)	–	7.6	399	103	4.2	6.5	97
콜라(200ml)	–	0.2	0	23	0	23.9	97

진저에일(200ml)	0	0	–	–	0	18	72
탄산음료 무과즙(200ml)	–	0	–	–	0	11.5	92
스포츠음료(200ml)	0.2	0	16	–	0	9.4	38
자몽주스 농축액(200ml)	0	1.5	336	25	0.2	18.5	74
오렌지주스 농축액(200ml)	0	1.5	399	38	0.2	22.5	88
포도주스 농축액(200ml)	–	0.6	50	15	0.6	25.4	99
사과주스 농축액(200ml)	–	0.2	231	19	0.4	23.9	90
토마토 주스 소금 무첨가(200ml)	–	1.5	546	38	0.2	8.4	36
토마토 믹스 주스(200ml)	0.1	1.3	420	23	0	9	36
커피 설탕 4g들이(150ml)	0	0.3	98	11	0	5	21
커피 크림 5ml들이(155ml)	–	0.6	100	18	0.9	1.3	17
홍차 설탕 4g들이(150ml)	0	0.2	12	3	0	4.1	17
홍차 크림 5ml들이(155ml)	–	0.4	15	11	0.9	0.4	12

【알코올 음료】

식품명	염분(g)	단백질(g)	포타슘(mg)	인(mg)	지질(g)	탄수화물(g)	열량(kcal)
맥주(200ml)	–	0.6	69	30	0	6.3	81
발포주(200ml)	0	0.2	26	16	0	7.3	91
맥주·당질 오프(200ml)	0	0.2	–	–	0	1.7	56
맥주·당질 제로(200ml)	0.1	0	–	–	0	3.6	72
무알코올 맥주(200ml)	–	0.2	18	16	0	2.4	10
레드와인(100ml)	0	0.2	110	13	0	1.5	73
화이트와인(100ml)	0	0.1	60	12	0	2	73
청주(1800ml)	–	0.7	9	16	0	6.5	185
위스키(30ml)	0	0	–	0	0	0	69
매실주(30ml)	0	–	12	1	0	6.4	48

【디저트】

식품명	염분(g)	단백질(g)	포타슘(mg)	인(mg)	지질(g)	탄수화물(g)	열량(kcal)
애플파이(100g)	0.7	4	62	31	17.5	32.7	304
슈크림(1개 70g)	0.2	4.2	84	105	7.9	17.9	160
쇼트케이크(1개 90g)	0.2	6.4	82	99	12.4	39.2	294
초콜릿 케이크(1개 85g)	0.1	4.1	–	–	22.2	26.3	322
바스크 치즈 케이크(1개 15g)	0.5	8.9	90	105	22.3	24.5	334
단팥을 넣은 풀빵(1개 100g)	0.1	4.5	58	53	1	48.5	221
찹쌀떡(1개 95g)	0.1	4.6	44	55	0.5	50.2	223
도라야키(팥소를 넣은 화과자)(1개 90g)	0.3	5.9	108	72	2.3	52.8	256
아이스크림(75ml)	0.1	1.6	76	48	3.2	9.3	72
셔벗(75ml)	–	0.4	43	10	0.5	12.9	57
커스터드 푸딩(1개 100g)	0.2	5.5	140	110	5	14.7	126

【과자】

식품명	염분(g)	단백질(g)	포타슘(mg)	인(mg)	지질(g)	탄수화물(g)	열량(kcal)
크림 샌드 코코아 쿠키(1개 11g)	0.1	0.7	22	–	2.5	7.7	55
초코칩 쿠키(1개 12g)	0.1	0.6	–	–	3.3	7.6	62
파이(1개 8g)	–	0.5	6	3	2.8	4.5	45
아몬드 초콜릿(1알 4g)	0	0.5	22	13	1.6	1.7	23
밀크 초콜릿(1개 50g)	0.1	3.5	220	120	17.1	27.9	279
옥수수 스낵(20g)	0.2	1	18	14	5.4	13.1	105
팝콘(17g)	0.2	1.7	51	49	3.9	10.1	82
감자칩 소금맛(20g)	0.2	0.9	240	20	7	10.9	111
가키노타네 땅콩 함유(30g)	0.4	4	–	–	5.2	19.5	141
단단한 전병 깨(1개 17g)	0.3	1.5	–	–	0.9	13.6	69
믹스넛(20g)	0.1	3.6	124	83	11.4	4	124
오징어 진미채(20g)	1.4	9.1	46	86	0.6	3.5	56

※ 『신장병 식품 해설서』 (개정판)에서 일부 전재

제3장

신장의 기능을 높여 주는
'신장 재활 운동'

35 신장 기능은 간단한 운동으로도 개선된다!

운동으로 신장의 모세혈관에 대한 부담을 낮춘다

그동안 만성콩팥병(CKD) 환자에게 운동은 금기시되어 왔다. 만성콩팥병 환자가 운동을 하면 신장에 큰 부담이 되고 병세가 악화될 것으로 여겼기 때문이다.

하지만 20년 전부터 이 생각이 바뀌기 시작했다. 걷기 등 간단한 운동을 적당히 하면 신장 기능이 개선된다는 것을 알게 된 것이다. 95쪽의 그래프가 대표적인데, 윗부분은 만성콩팥병 환자의 추정사구체여과율(eGFR)을 보여 준다. 추정사구체여과율은 신장의 처리 기능을 수치로 나타낸 것으로, 운동을 한 그룹은 명확하게 개선되었다. 또한 하부 사망률 관찰 조사에서도 운동요법의 효과는 한눈에 알아볼 수 있을 만큼 분명하고 뚜렷하다.

신장에는 모세혈관이 모인 사구체가 약 100만 개 있는데, 그 사구체가 몸에 필요한 단백질을 남겨 노폐물을 몸 밖으로 배출한다. 하지만 단백질 과다 섭취, 고혈당이나 고혈압 등이 원인이 되어 사구체의 압력이 높아지면 몸에 남아 있어야 할 단백질까지 나오게 된다.

이것이 신장병의 기본적인 원인이다. 이를 개선하는 방법은 몸을 움직이는 것이다. 운동은 사구체의 모세혈관을 넓혀 압력도 떨어지고 신장 기능도 정상적으로 돌아온다. 여기서는 이러한 신장 기능을 회복하는 데 도움이 되는 운동을 '신장 재활 운동'이라 부르기로 하고 몇 가지를 소개한다.

운동하는 것만으로 신장 기능 수치(eGFR)가 개선된다

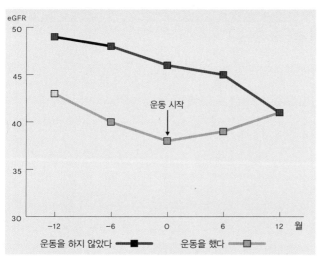

운동을 하지 않은 만성 신부전 환자 18명을 대상으로 실험을 진행했다. 그 18명 중 무작위로 추출한 8명에게 1년 후부터 1회 40분, 1주일에 3회, 12개월간 유산소 운동을 하게 했더니 추정사구체여과율(eGFR) 수치가 명확히 개선됐다.

※ 출처 : Greenwood SA, et al. Am J Kid Dis 2015;65:425~434

재활 운동을 장기간 하면 사망률이 낮아진다

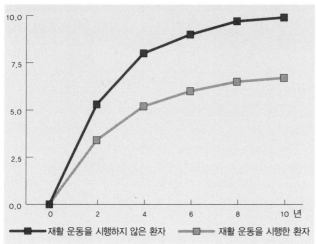

왼쪽은 대만에서 만성콩팥병 환자 6,323명을 관찰, 연구한 결과이다. 2년 후 운동을 하지 않은 환자의 사망자 수는 1295명, 운동을 한 환자의 사망자 수는 561명이었다. 4년 후에는 전자가 442명이고 후자가 250명, 6년 후에는 전자가 126명, 후자가 82명 등 확연히 차이가 나는 결과가 나왔다.

※ 출처 : Chen IR, et al. Clin J Am Soc Nephrol 2014;9:1183~1189

36 신장 재활 운동으로 100세까지 건강하게!

할 수 있는 것부터 조금씩 해 나가자

신장병 환자에 대한 재활 치료인 '신장 재활 운동은 사실 국가로부터 효과를 인정받은 의료의 한 분야이다. 2016년에는 추정사구체여과율(eGFR) 수치가 30 미만인 **당뇨병콩팥병** 환자에 대한 운동요법이 건강보험 대상이 되었고 2018년에는 대상자의 추정사구체여과율 수치를 45로 올렸다. 비용 측면에서도 신장 재활 운동에 쉽게 접근할 수 있게 된 셈이다.

그렇기는 해도 운동하지 않는 사람들은 재활 운동의 첫발을 내딛기가 쉽지 않을 수도 있다. 이 경우에는 일상적인 활동에 조금만 신경을 쓰면 된다. 차를 타지 않고 걸어서 장을 봐도 좋고, 출근이나 퇴근길 코스를 약간 우회하는 등 조금 부하를 가하는 것만으로도 일상의 운동량은 증가한다. 일단은 할 수 있는 것부터 조금씩 시작해 보자. 이것이 습관이 되면 몸의 변화도 확실히 나타날 것이다.

지금까지는 의료에서 질병 상태에 생명을 얼마나 유지할 수 있을지 예측하는 '생존 예후'와 일상생활 수행능력(Activity of Daily Living, ADL)과 삶의 질(Quality Of Life, QOL)을 나누어 생각했다. 하지만 신장 재활 운동은 생존 예후와 일상생활 수행능력·삶의 질의 개선을 동시에 할 수 있는 그야말로 이상적인 의료 행위이다.

우선 첫발을 내딛고 '신장 재활 운동'을 통해 100세까지 건강할 수 있도록 건강 수명을 늘려 나가자.

지금까지의 의료·재활과 '신장 재활 운동'의 차이

● 지금까지의 의료와 재활 의료

• 의료 = 생명 예후를 개선한다(Adding Years to Life).

• 재활 의료 = ADL, QOL을 개선한다(Adding Life to Years).

● '신장 재활 운동'과 같은 내부 장애 재활 의료

• ADL, QOL과 생명 예후를 개선하는 이상적인 의료
(Adding Life to Years and Years to Life)

앞으로의 재활 의료

조기 완쾌

회복 촉진

● '제1의 목표'
ADL, QOL을 개선한다(Adding Life to years).

'기능을 회복한다', '장애를 극복한다', '활동력을 키운다'

2차 예방

● '제2의 목표'
생존 예후 개선(Adding Years to Life)

최종 목표   =

ADL, QOL과 생존 예후 개선
Adding Life to Years and Years to Life

37 신장 재활 운동은 투석 중에도 할 수 있다

누운 채로 신장 재활 운동을 하면 투석 효율도 향상된다

신장 질환이 악화하거나 신장 기능이 극단적으로 저하하여 어쩔 수 없이 투석요법을 해야 하는 사람도 있다. **투석은 몸에 큰 부담이 되는 치료법**으로, 피로나 권태감을 느끼기 쉽다. 그런 만큼 '운동이라니 도저히 엄두가 나지 않는다'며 투석 중에는 '신장 재활 운동'을 하지 않으려 할 수도 있다.

하지만 투석 중에는 더욱 신장 재활 운동을 하는 것이 좋다. 누운 자세로 할 수 있는 신장 재활 운동 메뉴가 많다. 몸을 움직여 체력이 회복되면 심폐 기능이 좋아져 투석치료 효과에도 좋은 영향을 미친다. 심폐 기능이 향상되면 몸에 흡수해 사용하는 산소의 양이 늘어나 투석의 효율도 좋아지는 선순환을 낳는다. 무리가 되지 않는 범위에서 하면 되므로 99쪽부터 소개하는 신장 재활 운동 메뉴에 도전해 보자.

다만, 투석 중에 신장 재활 운동을 실시할 때는 다음 사항에 주의하는 것이 좋다. ① 맥박이나 혈압 이상, 관절이나 근육에 통증이 느껴지면 즉시 중지한다. ② 투석 후반이나 투석 종료 직후에는 하지 않는다.

일본신장재활학회가 정한 가이드라인에는 투석 전, 투석 시작 직후, 시작 30분 후부터 전반 사이에 실시하는 것이 바람직하다고 나와 있다. 담당 의사와 상담한 후에 안전에 유의하면서 신장 재활 운동을 해 보자.

투석 중에도 할 수 있는 '유연 체조'

① 엉덩관절(고관절) 굽힘

어느 한쪽 무릎을 손으로 끌어안고 가슴 쪽으로 끌어당겨 5~10초 동안 유지한다. 기준은 좌우 3회이다.

② 상지 올림

혈관통로가 없는 쪽 팔을 천천히 올리고 5~10초 동안 유지한다. 기준은 좌우 3회씩이다.

③ 몸통 비틀기

위를 보고 바로 누운 상태에서 양 무릎을 가지런히 세우고 한쪽으로 넘어뜨린 자세를 5~10초 동안 유지한다. 반대쪽도 똑같이 행한다. 기준은 좌우 3회씩이다.

④ SLR(Straight Leg Raise)

수건을 발바닥에 걸고 양손으로 잡는다. 무릎을 펴면서 다리를 올려 5~10초 동안 유지한다. 기준은 좌우 3회이다.

⑤ 발관절 등쪽굽힘(dorsiflexion)

위를 보고 바로 누워 양발 끝을 몸쪽으로 젖힌 상태에서 발끝을 아래로 향하게 해 5~10초 동안 유지한다. 이 동작을 3회 기준으로 반복한다.

99

투석 중에도 가능한 '저항운동'

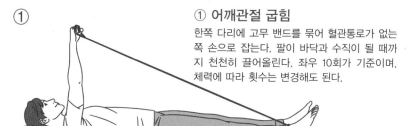

① 어깨관절 굽힘

한쪽 다리에 고무 밴드를 묶어 혈관통로가 없는 쪽 손으로 잡는다. 팔이 바닥과 수직이 될 때까지 천천히 끌어올린다. 좌우 10회가 기준이며, 체력에 따라 횟수는 변경해도 된다.

② 어깨관절 벌림

한쪽 다리에 고무 밴드를 묶어 혈관통로가 없는 쪽 손으로 잡고 허벅지 옆에 붙인다. 그 팔을 옆(90°)으로 천천히 늘린다. 좌우 10회가 기준이며, 체력에 따라 횟수는 변경해도 된다.

③ 엉덩관절(고관절) 굽힘

한쪽 다리에 고무 밴드를 묶어 혈관통로가 없는 쪽 손으로 잡고 허벅지 옆에 붙인다. 그 팔의 팔꿈치를 앞으로 구부리고 고무 밴드를 편다. 좌우 10회가 기준이며, 체력에 따라 횟수는 변경해도 된다. ①~③의 운동은 페트병이나 아령을 이용해도 된다.

④ 손가락 굽힘

고무공이나 핸드 그립을 사용하여 악력 운동을 한다. 좌우 10회가 기준이며, 체력에 따라 부하나 횟수는 변경해도 된다.

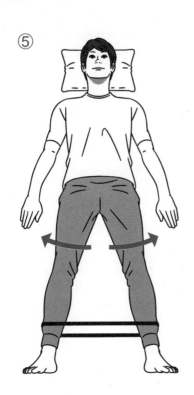

⑤

⑤ 엉덩관절 벌림

위를 보고 바로 누워 고무 밴드를 양쪽 다리에 통과시킨 상태에서 양 엉덩관절(고관절)을 동시에 바깥쪽으로 벌린다(※외전시킨다). 10회가 기준이 며, 체력에 따라 횟수는 변경해도 된다.

⑥ 엉덩관절 굽힘

위를 보고 바로 누운 상태에서 고무 밴드를 양쪽 무릎에 감는다. 한쪽 무릎을 구부리고 허벅지가 바닥과 수직이 될 때까지 끌어올린다. 좌우 10회가 기준이며, 체력에 따라 횟수는 변경해도 된다.

⑦ 엉덩관절 모음

위를 보고 바로 누워 공을 허벅지 사이에 끼운다. 양 엉덩관절(고관절)을 안쪽으로 향하게 해(※내전시켜) 공을 강하게 끼운다. 10회가 기준이며, 체력에 따라 횟수는 변경해도 된다.

⑧ 발관절 등쪽굽힘

위를 보고 바로 누워 고무줄을 두 다리에 감는다. 고무 밴드를 앞으로 당기면서 발목 관절을 젖힌다(※배굴시킨다). 좌우 10회가 기준이며, 체력에 따라 횟수는 변경해도 된다.

⑨ 복근 운동

위를 보고 바로 누워 양 무릎을 세운다. 배꼽을 보면서 견갑골이 받침대에서 떨어질 때까지 상체를 든다. 10회가 기준이며, 체력에 따라 횟수는 변경해도 된다.

⑨

⑩ 엉덩관절(고관절) 폄

발목 웨이트(Ankle Weights)를 발목에 감아 늘린다. 반대쪽 다리 무릎은 구부린다. 이 자세에서 뻗은 다리를 들어 올린다. 10회가 기준이며, 체력에 따라 횟수는 변경해도 된다.

⑪ 브리지

위를 위를 보고 바로 누워 양 무릎을 세운다. 어깨부터 무릎까지가 일직선이 되도록 엉덩이를 들어 올린다(손은 바닥에 붙인 채). 10회가 기준이며, 체력에 따라 횟수는 변경해도 된다.

투석 중에도 할 수 있는 '전신 지구력 운동'

① 부하량 가변형 근력기록기(ergometer)

체력이나 신체 기능에 따라 부하를 변경할 수 있는 종류의 근력기록기로, 자전거 페달을 밟는 식으로 발을 움직인다. 누워서 할 수 있으며 투석 전반 2시간 이내에 실시한다.

투석 중에도 할 수 있는 '기구를 사용하지 않는 유산소 운동'

① 제자리걸음 운동

위를 보고 바로 누운 상태에서 제자리걸음 운동을 한다. 30~50회가 기준이며, 체력이나 신체 능력에 따라 횟수는 변경해도 된다. 투석을 시작한 지 30분 후부터 시작한다.

② 하지 올림(거상)

위를 보고 바로 누운 상태에서 양다리를 뻗는다. 어느 한쪽 다리를 천천히 올리고 내리는 동작을 반복한다. 10회가 기준이며, 체력이나 신체 능력에 따라 횟수는 변경해도 된다. 투석을 시작한 지 30분 후부터 시작한다.

POINT
올렸다 내렸다 하지 않는 다리의 무릎을 구부리면 허리에 가는 부담을 줄일 수 있다.

38 신장 재활 운동을 할 때 주의해야 할 것

신장 재활 운동을 해서는 안 되는 증상

'신장 재활 운동'은 유연 체조와 저항운동, 유산소 운동을 무리가 없는 범위에서 지속적으로 실시하여 신장 기능의 회복을 도모하는 재활 치료이다. 하지만 병태나 증상에 따라 재활 운동을 해서는 안 되는 경우도 있으므로 신중하게 접근해야 한다.

심장에 동맥경화증이 있는 사람은 사전에 부하 심전도 검사를 하고 허혈이 보이는 경우에는 그 시점에서 혈압과 심박수를 확인한다.

당뇨병을 앓고 있는 사람은 저혈당에 빠지기 쉽다. 망막합병증이 있는 경우에는 혈압 상승과 저혈당에 주의해야 하고 신경합병증이 있는 경우에는 족부 감각 장애, 기립저혈압, 무자각 저혈당에 주의해야 한다. **신장 기능이 떨어져 있는 경우에도 수분 저류에 따른 부종, 빈혈에 따른 빈맥이나 호흡 곤란 등이 일어나기 쉬우므로 주의해야 한다.**

신장 재활 운동을 하면 안 되는 사람들도 있다. ① 최고 180mmHg·최저 110mmHg 이상의 중증 고혈압 ② 공복 혈당이 250mg/dL 이상인 고혈당 ③ BMI 30 이상의 비만증 ④ 심장병이 있고 상태가 안정되지 않는 사람 ⑤ 신장 기능이 급격히 악화돼 있는 사람 ⑥ 급성신염을 일으킨 사람에게는 신장 재활 운동이 몸에 부담이 되어 병세를 악화시킬 수 있으므로 운동은 절대 피하는 것이 좋다.

만성콩팥병 환자에게 권장하는 운동

	유연 체조	저항운동	유산소 운동
빈도	주 2~3일	주 2~3일	주 3~5일
강도	저항을 느끼거나 다소 빡빡하게 느껴지는 곳까지 늘린다.	1RM의 65~75%(1RM을 실시하는 것은 권장하지 않는다. 3RM 이상 테스트에서 1RM을 추정한다)	중등도 강도의 유산소 운동(산소 섭취 예비능의 40~59%, Borg 지수 12~13점)
시간	관절마다 60초 정지 (10~30초 스트레칭)	10~15회의 반복을 1세트로 한다. 체력과 시간에 따라 세트 수를 늘려도 된다. 대근군을 움직이는 8~10가지 다른 운동을 고른다.	지속 가능한 유산소 운동을 하루에 20~60분. 어려울 경우 중간에 휴식을 취하면서 3~5분의 운동을 반복하여 총 20~60분을 목표로 한다.
종류	정적 근육 운동	머신 플리웨이트 고무 밴드	워킹 사이클링 수영

- 1RM : 1repetition maximum의 약자. 1회에 거상이 가능한 최대 중량·부하를 가리킨다.
- 산소 섭취 예비능: 강도 높은 운동을 하면 근육이 필요로 하는 산소의 양이 늘어나고 심장은 산소를 많이 함유한 혈액을 내보내기 때문에 심박수가 늘어난다. 이때의 심폐 능력을 가리킨다.
- Borg 지수: 주관적(자각적) 운동 강도를 말한다. 12~13은 약간 힘들게 느껴진다. 땀을 흠뻑 흘리며 계속할 수 있을지 불안을 느낀다.

혼자서 할 때 주의할 운동요법

보존기 당뇨병콩팥병 환자	1주일간 걸음 수 측정기나 측정 기능 앱을 사용해 1일 평균 걸음 수를 측정한다. 그 숫자를 바탕으로 목표를 설정한다. 하루에 500~1000보를 추가한 걸음 수를 목표로 한다. 특별히 합병증으로 인한 운동 제한이 없다면 하루 6000~10000보가 목표이다.
근력이 저하한 고령 만성콩팥병 환자	집에서 저항운동을 더하면 효과적이다. 저~중등 강도의 부하로 주요한 손발 운동을 10~20회, 2~3세트 실시한다. 빈도는 1주일에 2~3일이 목표이다.

신장 이식 환자가 주의해야 할 운동요법

① 스테로이드의 부작용	스테로이드의 장기 복용은 근력 저하를 초래하기 쉽다. 특히, 허벅지 근력이 저하하면 일어서거나 계단 오르내리기가 어려워져 넘어질 위험이 높다. 또 점프 동작이나 무거운 물건을 드는 일도 되도록 피하는 것이 좋다.
② 자외선 대책	면역 억제제는 피부암의 발병률을 높인다. 되도록 실외에서 하는 운동은 피하고 만약 실외에서 할 때는 자외선 대책을 반드시 세워 실시한다.
③ 생활 습관병 대책	스테로이드 복용은 식욕을 증가시켜 비만을 초래하기 쉽다. 생활 습관병의 위험을 높이기 때문에 식사 관리를 잘해야 한다.
④ 탈수 예방	탈수는 신장 기능을 악화시키므로 운동 중에는 수시로 수분을 보충한다.

39 신장 재활 운동 단계Ⅰ: 우선은 유연 체조부터!

혈류를 촉진하여 강도 높은 운동을 위한 준비를 한다

앞에서 설명한 바와 같이 '신장 재활 운동'에는 크게 3종류가 있는데, 그 첫 단계에 해당하는 것이 유연 체조이다. 유연 체조는 누구나 편하게 시작할 수 있는 운동으로, 이후에 실시하는 강도 높은 저항운동이나 유산소 운동에 대한 준비 과정이기도 하다.

유연 체조에는 3가지 목적이 있다.

첫째, 강도 높은 운동을 위한 준비 과정이다. 근육을 풀고 관절의 가동 범위를 넓혀 몸을 편하게 움직일 수 있도록 하기 때문에 운동 효율이 높아진다.

둘째, 혈류 촉진이다. 만성콩팥병 환자의 몸은 수분이 고여 붓기 쉬운데, 결과적으로 혈류가 막혀 몸이 유연성을 잃는다. 유연 체조는 근육과 관절, 힘줄뿐만 아니라 혈관도 부드럽게 해 주기 때문에 전신의 혈액순환이 좋아진다.

셋째, 앞서 언급한 바와 같이 누구나 쉽게 할 수 있다는 점에 있다. 만성콩팥병이 발병하는 큰 원인 중 하나로 평소의 운동 부족을 들 수 있다. 몸을 움직이는 것 자체가 익숙하지 않은 데다 고령자도 많아 운동 그 자체가 높은 장애물이 될 수 있다. 이런 점에서 유연 체조는 움직임도 간단하고 누워서나 의자에 앉은 상태에서 할 수 있는 것뿐이다. 우선 유연 체조부터 첫발을 내딛어 보면 어떨까?

신장 재활 운동 단계 I 유연 체조

106쪽	① 앉은 상태에서 가슴을 편다	의자에 앉은 자세로 가슴 근육을 키우기 위한 스트레칭이다. 자세가 좋아지고 폐 기능도 좋아져 숨쉬기가 편해진다.
107쪽	② 앉은 상태에서 등을 편다	의자에 앉은 채로 등 근육을 스트레칭해 나간다. ①과 마찬가지로 폐의 기능이 좋아져 숨쉬기가 편해진다.
108쪽	③ 누운 상태에서 어깨를 편다	바로 누운 자세로 어깨 주위의 근육을 스트레칭한다. 어깨뼈, 등, 팔 근육이 유연해져 몸을 움직이기 쉬워진다.
109쪽	④ 누운 상태에서 앞다리를 편다	엎드려 누운 상태에서 근육을 늘리는 스트레칭이다. 인간의 몸에서 가장 큰 근육이므로 확실히 늘려 주는 것이 좋다.
110쪽	⑤ 누운 상태에서 허벅지 안쪽을 편다	바로 누운 상태에서 '햄스트링'이라 불리는 허벅지 뒤쪽의 큰 근육을 스트레칭해 나간다. 이와 동시에 종아리 근육도 늘려 준다.
111쪽	⑥ 누운 상태에서 엉덩이를 편다	위를 보고 바로 누운 자세에서 엉덩이의 큰 근육(대둔근)을 스트레칭한다. 엉덩관절(고관절)의 움직임이 원활해지는 장점도 있다.

유연 체조 ① 앉은 상태에서 가슴을 편다

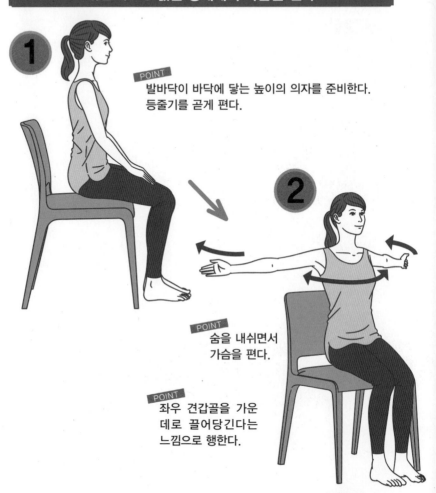

POINT
발바닥이 바닥에 닿는 높이의 의자를 준비한다.
등줄기를 곧게 편다.

POINT
숨을 내쉬면서
가슴을 편다.

POINT
좌우 견갑골을 가운
데로 끌어당긴다는
느낌으로 행한다.

① 등줄기를 펴고 의자에 앉는다.
② 양팔을 어깨 높이까지 올리는 동시에 손바닥을 정면
  으로 향한다. 숨을 내쉬며 천천히 양팔을 뒤로 빼고
  호흡을 계속하면서 자세를 20~30초 동안 유지한다.
  코로 숨을 들이쉬면서 ①의 자세로 돌아온다.

횟수 기준
3회
×
1세트

유연 체조 ② 앉은 상태에서 등을 편다

1

POINT
등줄기를 곧게 펴고
양손은 어깨 높이와 평행하게
깍지 낀다.

2

POINT
팔꿈치를 좌우로 벌리고
얼굴을 넣을 공간을 만든다.

POINT
팔은 곧게
유지한다.

나쁜 예
허리를 구부리거나
팔이 내려가면 확실히
스트레칭할 수 없으므로
자세에 신경쓴다.

신경 재활 운동 단계I : 우선은 유연 체조부터!

① 등줄기를 펴고 의자에 앉아 양손을 깍지 낀다. 팔을
   앞으로 뻗어 어깨 높이로 올린다.
② 양쪽 팔꿈치를 벌려 공간을 만들고 그 사이에 얼굴을
   넣는다. 숨을 내쉬면서 양팔을 5초에 걸쳐 앞으로 뻗
   는다. 등이 펴지는 것을 느끼면서 호흡을 계속하며 이
   자세를 20~30초 동안 유지한다. 숨을 들이쉬면서 등
   줄기를 펴고 손을 무릎에 얹은 자세로 돌아온다.

횟수 기준
3회
×
1세트

신장의 기능을 높여 주는 '신장 재활 운동'

유연 체조 ③ 누운 상태에서 어깨를 편다

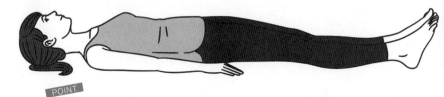

1 POINT 천천히 코로 숨을 들이쉰다.

POINT 베개나 수건 등을 베어도 좋다.

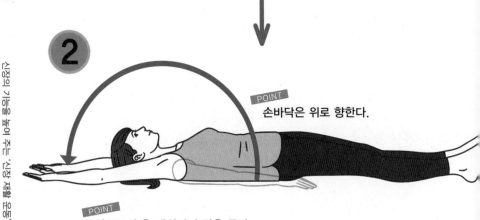

2 POINT 손바닥은 위로 향한다.

POINT 입으로 숨을 내쉬면서 팔을 든다.
팔은 최대한 귀 가까이에 댄다.

① 손발을 자연스럽게 뻗은 상태에서 반듯이 누워 천천
히 코로 숨을 들이쉰다.
② 입으로 숨을 천천히 내쉬면서 5초에 걸쳐 양팔을 똑
바로 위로 뻗는다. 호흡을 계속하면서 자세를 10초
동안 유지한다. 코로 숨을 들이쉬면서 5초에 걸쳐 ①
의 자세로 돌아온다.

횟수 기준
3회
×
1세트

유연 체조 ④ 누운 상태에서 앞다리를 편다

1

POINT
턱 밑에 수건 등을 놓고 해도 좋다.

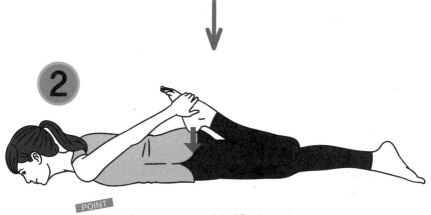

2

POINT 다리를 엉덩이 쪽으로 끌어당겼을 때
가슴이 바닥에서 떨어지지 않도록 주의한다.

① 양손 다리를 뻗은 상태에서 엎드려 눕는다.
② 어느 한쪽 다리 무릎을 굽히고 같은 쪽 손으로 다리
를 잡는다. 발뒤꿈치가 엉덩이에 닿도록 끌어당겨
20~30초 동안 유지한다. 이때 천천히 호흡하면서 앞
다리 근육이 스트레칭되는 감각을 의식한다. 천천히
①의 자세로 돌아와 반대쪽 다리도 똑같이 실시한다.

횟수 기준

좌우 각 **3**회
×
1세트

109

신경 재활 운동 단계 I : 우선은 누운 체조부터!

유연 체조 ⑤ 누운 상태에서 허벅지 안쪽을 편다

1

POINT
구부린 무릎은
90°를 유지한다.

POINT
몸이 흔들리지 않도록
발바닥을 단단히 고정한다.

2

POINT
발을 들었을 때
머리나 어깨가 뜨지
않도록 주의한다.

① 반듯이 누워 어느 한쪽 무릎을 90°로 구부린다. 팔과
   다른 쪽 다리는 자연스럽게 뻗는다.
② 뻗은 쪽 다리를 올리고 허벅지 뒤쪽 또는 무릎 뒤쪽을
   양손으로 잡는다. 천천히 입으로 숨을 내쉬면서 5초
   에 걸쳐 올린 다리의 무릎을 가슴으로 끌어당긴다.
   호흡을 하면서 10초 동안 그 자세를 유지한다. 코로
   숨을 들이쉬면서 ①의 자세로 천천히 되돌아온다. 반
   대쪽 다리도 똑같이 실시한다.

횟수 기준

좌우 각 **3**회
×
1세트

유연 체조 ⑥ 누운 상태에서 엉덩이를 편다

1

POINT
양 무릎은 90°로 구부린다.

POINT
발바닥은 바닥에 단단히 고정한다.

2

POINT
세운 다리는 고정하고
움직이지 않도록 주의한다.

POINT
무릎을 쓰러뜨렸을 때 발바닥이
반대 발에서 떨어지지 않도록 한다.

POINT
쓰러뜨리는 다리는 무리가 되지 않는
범위에서 하면 된다.

① 누운 상태에서 양 무릎을 90°로 굽히고 손은 배 위에
서 깍지 낀다.
② 5초에 걸쳐 천천히 숨을 내쉬면서 어느 한쪽 다리의
엉덩관절을 벌려 넘어뜨린다. 호흡을 계속하며 그 자
세를 10초 동안 유지한다. 천천히 코로 숨을 들이쉬
면서 ①의 자세로 되돌아온다. 반대쪽 다리도 똑같이
실시한다.

횟수 기준
좌우 각 **3**회
×
1세트

40 재활 운동 단계Ⅱ: '저항운동'으로 근력을 키우자!

언제까지나 자신의 다리로 걷기 위해서

'신장 재활 운동'의 두 번째 단계는 몸에 부하를 주어 신장 기능과 근력 향상을 목표로 하는 저항운동(표적으로 하는 근육에 저항을 가하는 동작을 반복하는 운동, resistance exercise)이다. 저항운동에는 두 단계가 있는데, 첫 단계에서는 호흡하면서 비교적 가벼운 부하의 운동을 해서 신장에 신선한 산소와 영양을 보내는 것을 목적으로 한다.

113쪽에서 소개하는 처음 4가지 메뉴가 이에 해당하는데, 주로 다리에 자극을 준다. 우리 몸의 근육은 60~70%가 하체에 모여 있어 저항운동 첫 단계의 가벼운 부하 운동으로도 큰 운동 효과를 얻을 수 있는 장점이 있다. 무엇보다 다리는 걷기 위한 부위이며 언제까지나 자신의 다리로 계속 걷는 것이 일상생활 수행 능력(ADL)과 삶의 질(QOL) 향상에 필수적이다. 이러한 목적 의식을 가지고 운동에 임하도록 하자.

두 번째 단계에 해당하는 후반부의 5가지 메뉴는 보다 부하가 높은 운동으로, 전신 근육량 증가와 근력 강화를 목적으로 한다. 만성콩팥병 환자는 역시 운동 부족이 되기 쉽다. 그 결과, 근육이 쇠약해지고 신체 기능의 저하로 이어져 증상이 더 악화하는 악순환에 빠질 수 있다. 이 사슬을 끊기 위해서라도 어느 정도 부하가 걸리는 운동을 해야 하는 것이다. 참고로 이 운동은 숨이 차기 직전의 강도로 한다. 고령자도 하기 쉽게 자신의 체중을 이용한 운동 메뉴로 구성했으니, 1주일에 1~3일을 목표로 접근해 보기 바란다.

'신장 재활 운동' 단계 II 저항운동

114쪽	① 반쯤 일어선 자세가 될 때까지 스쿼트	스쿼트 운동은 허벅지나 종아리 등 하체 강화에 최적이다. 스쿼트 운동을 하면 걷기가 편해질 뿐만 아니라 혈류도 촉진되기 때문에 온몸에 영양과 산소가 잘 전달되고 신장 기능도 좋아진다.
115쪽	② 발뒤꿈치를 올렸다 내렸다 하기	종아리 근육을 단련하는 저항운동이다. 근육이 이완과 수축을 반복하는 펌프 작용에 의해 ①과 마찬가지로 전신의 혈류가 좋아지고 신장 기능도 좋아진다.
116쪽 ~ 117쪽	③ 다리를 들어 당기기	허벅지 앞과 뒤, 엉덩이 등 하체의 큰 근육을 움직이면 혈류가 촉진되어 신장 기능이 좋아진다. 또한 하체 관절의 유연성 향상, 뼈와 근육의 강화도 기대할 수 있다.
118쪽	④ 가벼운 것을 들고 만세 자세 취하기	위의 운동과 마찬가지로 혈류가 촉진되어 신장 기능이 좋아진다. 더욱이 어깨 주위를 움직이므로 가슴과 등 근육이 펴져 새우등 개선 등 자세를 바로잡는 효과도 있다.
119쪽	⑤ 벽을 눌러 팔·가슴·어깨 단련하기	팔, 가슴, 어깨 등 상반신 근육을 단련하는 운동이다. 혈류가 촉진되고 전신에 산소와 영양이 운반되므로 신장 기능이 향상된다.
120쪽	⑥ 선 상태에서 엉덩이 단련하기	다리를 들어 올리는 근육인 장요근과 대둔근, 중둔근 같은 엉덩이 근육이 강화되기 때문에 보행 기능이 좋아진다. 물론 신장 기능의 향상도 기대할 수 있다.
121쪽	⑦ 똑바로 누운 상태에서 복근 단련하기	복근을 강화하므로 자세가 개선된다. 이와 동시에 다리를 들어 올릴 때 사용하는 장요근도 단련할 수 있어 걷기가 편해진다.
122쪽	⑧ 똑바로 누운 상태에서 등과 엉덩이 단련하기	등의 속근육인 척추 기립근 등 체간부의 근육을 강화하는 운동이다. 보행 시 자세가 개선되어 보행이 편해진다.
123쪽	⑨ 똑바로 누운 상태에서 몸통 전체 단련하기	엎드린 상태에서 등 뒤로 젖히는 동작을 반복해 몸통 전체의 근력을 강화하는 운동이다. 전신 운동으로 자세 개선과 신장 기능 향상을 목표로 한다.

신장 재활 운동 단계 II: '저항운동'으로 근력을 키우자!

저항운동 ① 반쯤 일어선 자세가 될 때까지 스쿼트

나쁜 예

구부렸을 때 무릎의 위치가 나쁘면 효과가 희박하다. 발끝보다 안쪽으로 들어가거나 앞으로 나가지 않도록 한다.

POINT
무릎의 위치를 의식한다.
발끝보다 앞으로
나가지 않도록 한다.

① 손을 허리에 대고 약간 엉거주춤한 자세로 선다. 다리는 어깨너비로 벌리고 발끝을 조금만 밖으로 벌린다.
② 입으로 숨을 천천히 내쉬면서 무릎을 구부리고 허리를 숙여 5초에 걸쳐 반쯤 일어선 자세를 취한다. 코로 숨을 들이쉬면서 무릎을 펴고 5초 동안 ①의 자세로 돌아온다.
※ 아침, 점심, 저녁으로 총 3세트를 진행하는 것이 이상적이지만, 어렵다면 1일 1세트만 해도 된다.
※ 몸이 흔들릴 경우에는 의자 등받이 등을 손으로 잡고 해도 된다.

횟수 기준
5~10회
×
1세트

저항운동 ② 발뒤꿈치를 올렸다 내렸다 하기

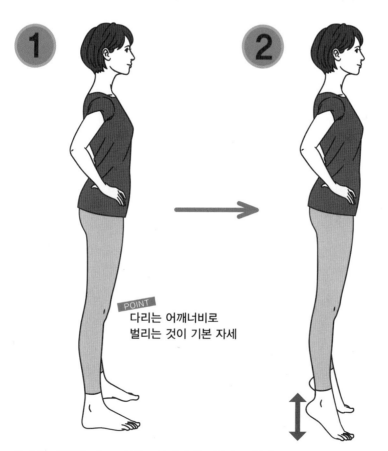

POINT
다리는 어깨너비로
벌리는 것이 기본 자세

① 손을 허리에 대고 다리는 어깨너비로 벌리고 똑바로 선다.

② 입으로 숨을 천천히 내쉬면서 5초에 걸쳐 좌우 뒤꿈치를 동시에 올린다. 발뒤꿈치를 다 들었으면 코로 숨을 들이쉰다. 올렸을 때와 마찬가지로 입으로 숨을 내쉬면서 5초 동안 발뒤꿈치를 내린다. 올렸다 내리는 동작을 반복한다.

※ 아침, 점심, 저녁으로 총 3세트를 하는 것이 이상적이지만, 어렵다면 1일 1세트만 해도 된다.

※ 몸이 흔들릴 경우에는 의자 등받이를 손으로 잡고 해도 된다.

횟수 기준
5~10회
×
1세트

저항운동 ③ 다리를 들어 당기기

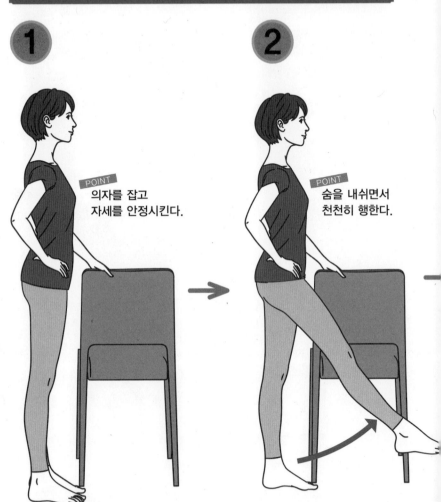

1

POINT
의자를 잡고
자세를 안정시킨다.

2

POINT
숨을 내쉬면서
천천히 행한다.

① 똑바로 서서 어느 한 손으로 의자 등받이 윗부분을 잡는다.
② 천천히 숨을 내쉬면서 5초에 걸쳐 의자를 잡고 있는 손 반대
쪽 다리를 들어 올린다.

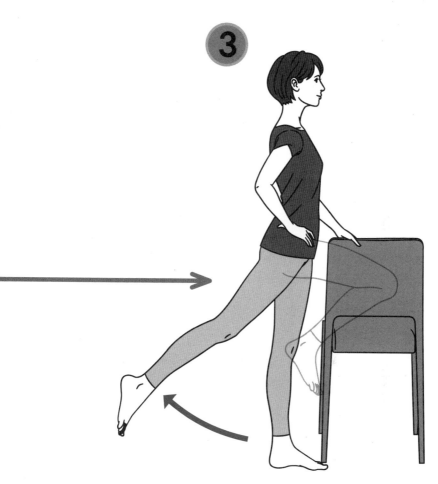

신장 재활 운동 단계III : '저항운동'으로 근력을 키우자!

③ 숨을 한 번 들이쉬고 천천히 입으로 숨을 내쉬면서 5
초에 걸쳐 쳐든 다리 무릎을 굽히고 허벅지를 끌어올
린다. 한 번 숨을 들이쉬고 천천히 입으로 숨을 내쉬
면서 5초에 걸쳐 끌어올린 다리를 뒤로 들어 올린 후
①의 자세로 돌아온다. 반대쪽 다리도 마찬가지로 이
동작을 반복한다.

※ 아침, 점심, 저녁으로 총 3세트를 하는 것이 이상적이지만, 어렵다
면 1일 1세트만 해도 된다.

횟수 기준

좌우 각 **5**회
×
1세트

저항운동 ④ 가벼운 것을 들고 만세 자세 취하기

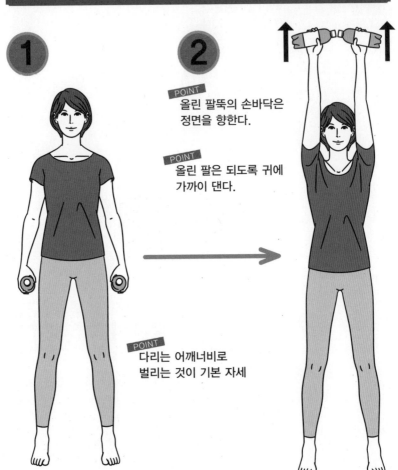

1

2

POINT
올린 팔뚝의 손바닥은 정면을 향한다.

POINT
올린 팔은 되도록 귀에 가까이 댄다.

POINT
다리는 어깨너비로 벌리는 것이 기본 자세

① 다리를 어깨너비로 벌리고 똑바로 선다.
② 입으로 숨을 천천히 내쉬면서 5초에 걸쳐 가벼운 것을 든 두 팔을 동시에 바로 위로 올린다. 그 자세에서 한 번 숨을 들이쉬고 입으로 숨을 천천히 내쉬면서 5초에 걸쳐 팔을 내리고 ①의 자세로 돌아온다. 이 동작을 반복한다.

※ 아침, 점심, 저녁으로 총 3세트를 하는 것이 이상적이지만, 어렵다면 1일 1세트만 해도 된다.
※ 몸이 흔들릴 경우에는 의자에 앉아서 해도 된다.

횟수 기준
3~5회
×
1세트

저항운동 ⑤ 벽을 눌러 팔·가슴·어깨 단련하기

①

POINT
팔꿈치를 펴서
몸을 지탱한다.

②

POINT
머리부터 발까지
똑바로 유지한다.

119

POINT
다리는 어깨너비로 벌리고,
벽에서 50~70cm 떨어진
위치에 둔다.

POINT
발뒤꿈치가 바닥에서
떨어지지 않도록
주의한다.

① 양손을 어깨 높이로 올리고 벽에 기대듯이 붙는다. 발은 어깨너비 정도로 벌린다.

② 코로 숨을 천천히 들이쉬면서 5초에 걸쳐 양 팔꿈치를 구부린다. 상체를 벽에 가까이 대고 일단 멈춘다 (약 1초). 입으로 천천히 숨을 내쉬면서 5초 동안 양 팔꿈치를 펴고 ①의 자세로 돌아온다. 이 동작을 반복한다.

※ 숨을 멈추지 않은 채 계속하는 것이 중요하므로 호흡하기 어려울 때는 중간에 숨을 몰아쉬어도 된다.

횟수 기준
3~5회
×
1세트

신장 재활 운동 단계III : '저항운동'으로 근력을 키우자!

저항운동 ⑥ 선 상태에서 엉덩이 단련하기

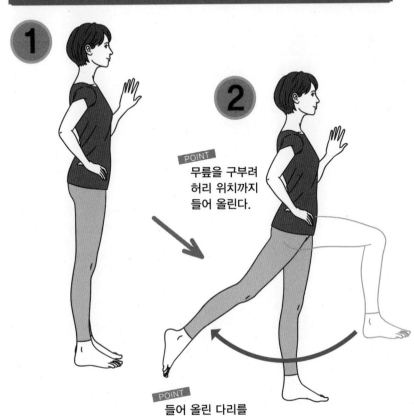

1

2

POINT
무릎을 구부려 허리 위치까지 들어 올린다.

POINT
들어 올린 다리를 뒤로 쭉 뻗는다.

① 등줄기를 펴고 서서 손바닥을 벽에 붙인다. 반대쪽 손은 허리에 얹는다.

② 천천히 입으로 숨을 내쉬면서 벽에 붙은 손과 반대쪽 무릎을 5초 만에 허리 높이로 들어올린다. 코로 천천히 숨을 들이쉬면서 5초에 걸쳐 들어올린 다리를 뒤로 뻗는다. 그 후 ①의 자세로 돌아온다. 이 동작을 반복하고, 반대쪽 다리도 똑같이 한다.

※ 숨을 멈추지 않은 채 계속하는 것이 중요하므로 호흡하기 어려울 때는 중간에 숨을 몰아쉬어도 된다.

횟수 기준
3~5회
×
1세트

저항운동 ⑦ 똑바로 누운 상태에서 복근 단련하기

1

POINT
다리는 어깨너비로 벌린다.

2

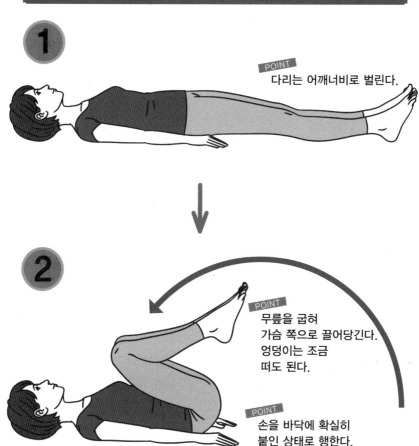

POINT
무릎을 굽혀
가슴 쪽으로 끌어당긴다.
엉덩이는 조금
떠도 된다.

POINT
손을 바닥에 확실히
붙인 상태로 행한다.

① 누워서 다리는 어깨너비로 벌린다.
② 입에서 천천히 숨을 토하면서 양 무릎을 구부려 5초
   간 가슴 쪽으로 끌어당기고 1초 동안 유지한다.
② 코로 숨을 들이쉬면서 5초 동안 양 무릎을 폈다가 ①
   의 자세로 돌아온다. 이 동작을 반복한다.
※ 숨을 멈추지 않은 채 계속하는 것이 중요하므로 호흡하기 어려울
   때는 중간에 숨을 몰아쉬어도 된다.

횟수 기준
3~5회
×
1세트

신장 재활 운동 단계Ⅲ: '저항운동'으로 근력을 키우자!

신장의 기능을 높여 주는 '신장 재활 운동'

저항운동 ⑧ 똑바로 누운 상태에서 등과 엉덩이 단련하기

1

POINT
다리는 어깨너비로 벌린다.

POINT
어깨부터 무릎까지를 되도록
일직선이 되게 한다.

2

POINT
몸이 흔들리지 않게 손을 바닥에
꼭 붙여서 몸을 지탱한다.

① 위를 보고 바로 눕는다. 다리는 어깨너비로 벌린다.
② 양 무릎을 세우고 입으로 천천히 숨을 내쉬면서 5초
동안 엉덩이를 들어 올려 10초 유지한다. 코로 숨을
들이쉬면서 5초 동안 엉덩이를 제자리에 두고 ①의
자세로 되돌아온다. 이 동작을 반복한다.

※ 숨을 멈추지 않은 채 계속하는 것이 중요하므로 호흡하기 어려울
때는 중간에 숨을 몰아쉬어도 된다.

횟수 기준

3~5회
×
1세트

저항운동 ⑨ 똑바로 누운 상태에서 몸통 전체 단련하기

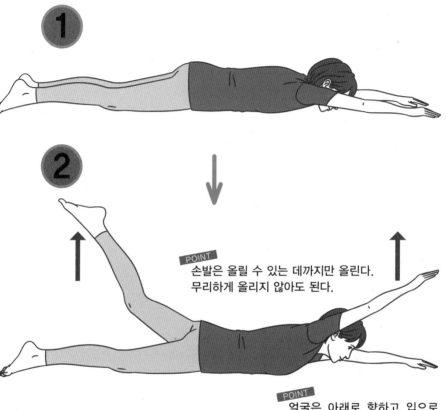

1

2

POINT
손발은 올릴 수 있는 데까지만 올린다.
무리하게 올리지 않아도 된다.

POINT
얼굴은 아래로 향하고 입으로
숨을 내쉬면서 손발을 올린다.

① 양손 다리를 뻗은 상태에서 엎드려 눕는다.
② 입으로 천천히 숨을 내쉬면서 5초 동안 한쪽 손과 그
반대쪽 발을 들어 1초 동안 유지한다. 코로 숨을 들이
쉬면서 5초 동안 ①의 자세로 되돌아온다. 반대쪽 손발
도 똑같이 들어 1초 동안 유지했다가 ①의 자세로 되돌
아온다. 이 동작을 반복한다.

※ 숨을 멈추지 않은 채 계속하는 것이 중요하므로 호흡하기 어려울 때
는 중간에 숨을 몰아쉬어도 된다.

횟수 기준
3~5회
×
1세트

신장 재활 운동 단계 II : '저항운동'으로 근력을 키우자!

41 신장 재활 운동 단계Ⅲ: '유산소 운동'으로 심폐 기능을 높이자!

적절한 강도로 무리 없이 계속한다

'신장 재활 운동'의 세 번째 단계는 유산소 운동이다. 유산소 운동은 호흡을 계속하면서 일정한 리듬으로 하는 전신 운동을 말하는데, 신장병 환자들에게는 걷기를 강력히 권장한다. 이 걷기는 신장 기능 회복에 매우 효과적이며 일정 이상의 걸음 수를 지속적으로 걸었던 신장병 환자의 추정사구체여과율(eGFR) 수치가 개선되었다는 최신 연구 결과도 있을 정도이다.

이유는 밝혀지지 않았지만, 걷는 전신 운동이 심장의 기능을 높여 혈류를 촉진하고 그 결과 신장에 충분한 혈액이 퍼져 부담 감소와 기능 향상으로 이어졌을 것으로 생각할 수 있다.

걸을 때의 자세나 포인트는 125쪽의 그림과 같다. 기준이 되는 강도는 1분간의 안정 시 심박수가 20~30 증가하는 정도(※ 보통이 60이라면 80~90. 다만, 베타 차단제를 복용 중인 사람은 20까지)이면 상관없다. 다소 땀이 나면서 대화도 할 수 있을 정도의 속도라고 생각하면 알기 쉬울 것이다. 걷기 외에도 증상이나 체력, 환경에 따라 수영을 하거나 사이클링 또는 헬스 바이크(페달을 밟으면 운동량이 열량 소비량으로 표시되는 장치가 부착된 자전거형 기계)를 타는 것도 좋다.

무엇보다 안전하게 계속하는 것이 중요하다. 숨이 차오를 정도의 강도는 신장에 부담을 주므로 절대로 피해야 한다. 또한 병세가 악화되었거나 급성 신염이 있는 사람들은 운동 자체를 자제해야 한다.

신장 재활에 좋은 올바른 워킹

POINT① 시선은 정면으로

POINT② 턱은 당긴다.

POINT③ 쓸데없는 어깨 힘은 뺀다.

POINT④ 주먹은 가볍게 쥔다.

POINT⑤ 팔은 크게 흔든다.

POINT⑥ 가슴을 쫙 편다.

POINT⑦ 등줄기를 편다.

POINT⑧ 무릎은 편 상태를 의식

POINT⑩ 보폭은 되도록 넓게

POINT⑨ 착지는 발뒤꿈치로 하고 발을 내밀 때는 발끝부터

주의사항

• 건강하게 계속 운동하기 위해서는 사전에 주치의와 상담하는 것이 좋다. 자신에게 무리가 되지 않는 범위의 시간과 거리를 정한다.

• 주치의와 정한 운동량으로도 힘든 경우에는 5분 정도 산책부터 시작해 본다.

• 결코 무리하지 않는다. 몸 상태가 좋지 않으면 곧바로 그만 둔다.

• 수분을 자주 보충해 주는 것이 중요하다. 음료를 항상 휴대하여 탈수 증상이 발생하지 않도록 한다.

（※ 탈수는 신장에 큰 부담을 준다).

횟수 기준
20~60분
×
주3~5일

신장 재활 운동 단계Ⅲ : '유산소 운동'으로 심폐 기능 높이자!

42 '신장 재활 운동'의 1주일 스케줄

무리 없는 지속이 건강과 삶의 질을 높인다

여기서는 어떤 운동을 어떻게 조합해야 신장 재활 효과를 높일 수 있는지 알아본다.

하나의 기준이 되는 것은 127쪽 하단에 있는 '중간 강도' 정도의 운동 일정이다. 103쪽 상단의 '만성콩팥병 환자에게 권장하는 운동'에는 각 운동의 권장 빈도(※ 1주일에 며칠 실시할지)가 나와 있는데, 이것은 일본신장재활학회가 정한 가이드라인이다. 127쪽의 '신장 재활 운동 1주일 스케줄'은 이를 바탕으로 작성한 것이므로 참고하기 바란다.

하지만 증상의 정도나 체력에 따라서는 어려울 수도 있지 않을까 생각한다. 그때는 127쪽 상단의 '낮은 강도'와 같이 각 운동의 빈도를 줄이거나 쉬는 날을 늘려도 괜찮다. 또한 워킹의 내용을 변경하는 것도 하나의 방법이다. 가이드라인에서는 1일 20~60분이 기준이지만, 한 번에 실시하지 않고 여러 번에 걸쳐 총 20~60분을 목표로 해도 된다. 그래도 체력적으로 힘들다면 하루에 3~5분부터 시작하는 것이 좋다.

3장에서 여러 번 언급했듯이 신장 재활 운동은 '계속'하는 것이 무엇보다 중요하다. 계속할 수 있는 범위에서 진행하여 건강하고 행복함을 느낄 수 있는 삶을 실현하기 바란다.

'신장 재활 운동' 1주일 스케줄 ① 낮은 강도

월	유연 체조 2종
화	저항운동 ①~④ 중 2종
수	휴식
목	유연 체조 2종
금	저항운동 ①~④ 중 1종
토	유연 체조 2종 + 저항운동 ⑤~⑨ 중 2종
일	휴식

'신장 재활 운동' 1주일 스케줄 ① 중간 강도

월	저항운동 ①~④
화	유연 체조①~⑥+걷기+저항운동 ⑤~⑨ 중 1종
수	저항 운동 ①~④
목	유연 체조 ①~⑥+걷기
금	저항운동 ①~④
토	유연 체조①~⑥+걷기+저항운동 ⑤~⑨ 중 1종
일	휴식

※ '유연 체조'는 106~111쪽, '저항운동'은 114~123쪽, '워킹'은 125쪽 참조
※ 저항운동 ⑤~⑨는 1회당 1종류를 해도 상관없다. 같은 종목을 연속해서 하지는 않는다.

잠 못들 정도로 재미있는 이야기

신장

2023. 9. 6. 초 판 1쇄 인쇄
2023. 9. 13. 초 판 1쇄 발행

지은이 | 고즈키 마사히로
감 역 | 정성진
옮긴이 | 김선숙
펴낸이 | 이종춘
펴낸곳 | [BM] ㈜도서출판 **성안당**

주소 | 04032 서울시 마포구 양화로 127 첨단빌딩 3층(출판기획 R&D 센터)
      10881 경기도 파주시 문발로 112 파주 출판 문화도시(제작 및 물류)

전화 | 02) 3142-0036
      031) 950-6300

팩스 | 031) 955-0510
등록 | 1973. 2. 1. 제406-2005-000046호
출판사 홈페이지 | www.cyber.co.kr
ISBN | 978-89-315-5121-1 (04080)
       978-89-315-8889-7 (세트)

정가 | 9,800원

이 책을 만든 사람들
책임 | 최옥현
진행 | 김해영
교정·교열 | 안종군
본문 디자인 | 김인환
표지 디자인 | 박원석
홍보 | 김계향, 유미나, 정단비, 김주승
국제부 | 이선민, 조혜란
마케팅 | 구본철, 차정욱, 오영일, 나진호, 강호묵
마케팅 지원 | 장상범
제작 | 김유석